RB

Die Autorin

Jani King ist in Neuseeland geboren und aufgewachsen. Ihr erster Kontakt mit der Wesenheit P'taah von den Plejaden fand 1947 statt, unweit ihres entlegenen Elternhauses in den Kieferwäldern bei Putaruru, Neuseeland.

Der zweite bewusste Kontakt erfolgte 1961. Der Grund für diese Kontaktaufnahme sowie die Emotionen und gedanklichen Muster, die ihm entsprangen, waren für Jani King zunächst nicht nachvollziehbar, bis sie 1987 durch die Durchgaben einer anderen Wesenheit, St. Germain, die Erklärung für das Phänomen erhielt.

In den Jahren von 1962 bis heute hat Jani King viele Länder bereist und in ihnen gelebt. Sie hat als Sängerin und Tänzerin gearbeitet (nach eigener Auskunft »eher schlecht als recht«), ist Ehefrau gewesen, zur See gefahren und war in der Rundfunk und Fernsehbranche sowie in Restaurants tätig. Sie machte alles, was nicht langweilig war.

Im Laufe dieser Jahre kam es zu vielen ungewöhnlichen Ereignissen, etwa zur regelmäßigen Sichtung von UFOs und einer telepathischen Kommunikation mit Walen und Delfinen, über die »damals keiner sprach, oder man wäre in einer Zwangsjacke abgeführt worden. Tatsache ist, dass es da draußen wahrscheinlich heute noch Leute gibt, die das nur zu gerne tun würden!«

Im Jahr 1989, sie lebte damals in Australien, machte Jani ihre Kommunikation mit P'taah publik. Seitdem bietet sie öffentliche Seminare, Workshops und persönliche Beratungssitzungen in Australien, Neuseeland, Europa, den USA und in Kanada an. Derzeit lebt Jani in Queensland, Australien.

GESPRÄCHE MIT
P'TAAH

Alles ist vollkommen

von JANI KING

RB

Die Originalausgabe erschien unter dem Titel
»Conversations with P'taah«

1. Auflage
Copyright © 2016 Jani King
Alle deutschsprachigen Rechte beim Robert Betz Verlag
der Robert Betz Transformations GmbH, München
robert-betz.com

Aus dem Englischen von Silvia Autenrieth
Korrektur: Yochanan Rauert
Redaktion: Robert Betz Verlag
Umschlaggestaltung: Ulrike Bürger, Wörthsee · Foto: © fotolia.com/nikol82
Druck und Bindung: CPI books GmbH, Ulm

ISBN 978-3-946016-03-8

INHALT

Vorwort von Robert Betz 9

Erste Übermittlung 11
- Frustration, Wut, Schmerz etc. sind kein Zeichen von Versagen
- Heilung für Erde und Mensch
- Atme dich in deine Mitte zurück
- Woher kommen Schmerz, Angst und Trauer?
- Liebe und Freude: Wer Krieg hasst, schafft keinen Frieden
- Die Vergangenheit verändern

Zweite Übermittlung 22
- Älterwerden ohne Trauern und Bedauern
- Deine Schwingung verändert das Universum
- Was sich verändert, wenn wir sterben
- Synchronizität – Zufall oder glückliche Fügung
- Alle Seelen sind eins und gleich alt

Dritte Übermittlung 35
- Wahlmöglichkeiten und vielfache Ausdrucksformen
- Heilung durch Ho'oponopono
- Es gibt kein ›Du solltest …‹
- Fülle und die Einstellung zum Geld
- Dich zu lieben bedeutet, das Kind in dir zu lieben
- Dein Atmen bringt dich ins Jetzt zurück

Vierte Übermittlung 49
- Streben nach Gerechtigkeit ohne Rachegefühle
- Wie erfüllen wir unseren Daseinszweck?
- Aufhören zu kämpfen und still werden
- Den Alltag leben aus dem Wissen um unsere innere Welt
- Deinen inneren Raum erschaffen

Fünfte Übermittlung 64
- Haustiere und Kinder
- Das Leben ist nicht als Strafe gedacht
- Den Unfug in medialen Durchgaben erkennen
- Glaube und Gefühl erzeugen Unwohlsein und Krankheit
- Der Tod ist nicht das Ende

Sechste Übermittlung 78
- Vom Umgang mit Menschen, die uns tyrannisieren
- Sexualität auf Augenhöhe und mit Respekt

Siebte Übermittlung 93
- Die Angst im Jetzt fühlen und umarmen
- Der Schlüssel für Wachstum und Expansion
- Selbstliebe und Lektionen im Leben
- Nichts wird verborgen bleiben

Achte Übermittlung 105
- Es gibt kein ›Wir und die anderen‹
- Menschheit und Erde sind nicht isoliert im Kosmos
- Ihr seid in jeder Hinsicht ein Ausdruck der höchsten Quelle

Neunte Übermittlung..114
- Die Perle im ›Misserfolg‹ erkennen

Zehnte Übermittlung 123
- Alles ist immer vollkommen – doch ›Vollkommenheit‹ ist kein fertiges Produkt
- Bewusstseinsveränderung geschieht allmählich
- ›Ihr seid alle aus Sternensaat hervorgegangen‹

Elfte Übermittlung.. 137
- Ihr sperrt euch in eine kleine Schublade
- Chakren
- Entscheidet neu, wer ihr sein wollt
- Ihr seid ein ewiger Ausdruck der Quelle
- Habt Spaß und nehmt das Leben leichter

Zwölfte Übermittlung 149
- In euren Erkrankungen liegen einige eurer größten Geschenke
- Wie wir Traurigkeit erschaffen und verwandeln
- Ihr seid wie ein Prisma mit unzähligen Facetten
- Aus der Einsamkeit ins ›ALL-EINS-SEIN‹!

»Danke«-Song von P'TAAH

Danke für die Liebe, die mich umgibt
Danke für die Liebe, die ich bin
Für die Liebe in meinem Leben, für das Wunder, das ich bin
Danke für die grenzenlose Fülle, die ich bin
Danke, Danke, Danke!
Danke, Danke, dass ICH BIN.

Danke für das Staunen und die Größe in mir
Danke für das Geschenk des Lebens
und für den perfekten Körper, der nur die Wahrheit kennt
Danke für die Schönheit, für das Lachen und das Spiel
Danke, Danke, Danke!
Danke, Danke, dass ICH BIN.

Und die Fülle, die ich gespiegelt sehe überall, überall, überall
Danke für die Reichtümer und Danke für das Geld,
das zu mir und durch mich strömt

Danke für die Leidenschaft am Leben
Danke für meine Göttlichkeit
Danke für das Privileg zu dienen und zu teilen
Danke für die Liebe, mit der alle Wunden heilen
Danke, Danke, Danke!
Danke, Danke, dass ICH BIN.

Dieses Lied mit dem Titel »Danke« ist auch auf CD
erhältlich unter robert-betz-shop.de

Vorwort

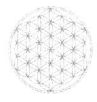

Liebe Leserin, lieber Leser,

vielleicht werden Sie Ihre Stirn schon beim Titel dieses Buches in Falten gelegt und sich gefragt haben: „Alles ist vollkommen? Was ist hier in unserem Leben schon vollkommen? Mir scheint eher das Gegenteil der Fall zu sein." Nehmen Sie diese Frage mit auf Ihre Reise durch dieses Buch mit seinen Dialogen zwischen P'taah, einem vielen bereits bekannten Lehrer der Geistigen Welt, und den Frauen und Männern, die ihm ihre brennendsten Fragen stellten. Es sind Fragen, in denen wir uns alle wiedererkennen und die Antworten von P'taah darauf sind für jeden von uns von hohem Erkenntniswert.

Ich selbst bin P'taah, der – wie er betont – ausschließlich durch die Australierin Jani King in der Öffentlichkeit spricht, vor über 15 Jahren in München begegnet und seine Worte begleiten und begeistern mich seit dieser Zeit auf meinem Weg, ebenso wie viele tausend Menschen weltweit. P'taah ist kein Mensch und war auch nie als solcher auf der Erde inkarniert, sondern ist das Sprachrohr einer hoch schwingenden Gruppenenergie von geistigen Wesen (darum spricht er immer in der ‚Wir'-Form), die ihren Beitrag zur Transformation (bzw. ‚Transmutation', wie er sie nennt) des menschlichen Bewusstseins leisten, durch die wir uns wieder an unsere wahre göttliche Liebesnatur erinnern und diese Erde wieder zu einem Planeten des Friedens und der Liebe wird.

P'taahs Antworten, in denen viel Humor und Mitgefühl mitschwingt, führen den, der sich ohne Scheuklappen darauf einlässt, zu einem anderen Denken, zu einem echten Perspektivwechsel, mit dem jede wirksame Veränderung in unserem Leben beginnt. Er hilft uns, aus den ‚alten Schuhen' und Mustern unseres verurteilenden Denkens auszusteigen und Geist und Herz zu öffnen für eine klare Sichtweise, für das Erkennen der Wahrheit und für die Wiederverbindung mit dem großartigen Wesen, das jeder Mensch in Wirklichkeit ist. So unglaublich die Aussage für den Verstand zunächst erscheinen mag, alles sei in Wirklichkeit vollkommen, so sehr kann jeder mit den Augen seines Herzen zu dieser Wahrheit vordringen und dadurch sich und sein Leben und den Wert all seiner Erfahrungen neu bewerten, wertschätzen und würdigen.

Diese Erde und diese Menschheit gehen in diesen Jahren (und nicht erst in einigen Jahrzehnten) durch einen Prozess des Wandels von für den Verstand unvorstellbarem Ausmaß. Die Unruhen und der Unfrieden, den wir gerade in der Welt erleben, scheinen dagegen zu sprechen, dass es sich hierbei um etwas Gutes handeln könnte. Aber bevor die Sonne des neuen Morgens der Menschheit aufgeht, geht sie den Weg durch die Dunkelheit, durch die scheinbare Abwesenheit von Licht und Liebe so wie jeder Mensch erst durch Krisen, Krankheiten und Konflikte bewegt wird zu wirklicher Reife und Erkenntnis.

Ich lege Ihnen ans Herz, sich der liebevollen Energie von P'taah zu öffnen und sich zu trauen zu vertrauen, dass alles, aber auch alles, jeder Krieg und jede Krankheit, jeder Verlust und jeder Schmerz, jede Phase der Verzweiflung und der Sinnleere ihre Bedeutung und Berechtigung in diesem Prozess hat; ja dass letztlich hinter jedem Schmerz ein Geschenk liegt, das wir auspacken können – eine ‚Perle der Weisheit'.

ROBERT BETZ
München, August 2016

Anmerkungen

Die Dialoge in diesem Buch entstanden in einer Reihe von Telefonkonferenzen, in denen P'taah die ihm gestellten Fragen beantwortet. Die Gespräche wurden anschließend abgeschrieben und für bessere Lesbarkeit redaktionell überarbeitet. In den nachfolgenden Kapiteln steht dabei ‚F' für die Frage, den Fragesteller oder die Moderatorin, die die für das Gespräch eingegangenen Fragen vorher sichtete und strukturierte.

Erste Übermittlung

Frustration, Wut, Schmerz etc. sind kein Zeichen von Versagen

P'taah: Guten Tag, ihr Lieben.
Fragesteller/-in (F): *Guten Tag, P'taah.*
P'taah: Wie geht es euch an diesem Tag eurer Zeit?
F: Naja, ich habe innerlich gerade etwas zu kämpfen. Worüber ich hier gerne mit dir sprechen möchte, das sind Gefühle. Es wurde in der Vergangenheit bereits viel über intellektuelle Themen gesprochen. Aber mir geht es jetzt darum, wie ich das alltägliche Leben mit allen Emotionen durchstehen kann, die ich so intensiv erlebe. Ich merke, dass ich mich damit schwer tue und da etwas Anleitung gebrauchen könnte.

P'taah: Gut, meine Liebe. Dann beschreibe doch mal die Situation, wie sie sich im Alltag zurzeit für dich darstellt.

F: Gut. Ich bin Mitglied eines gewählten Vorstands, bei dem gerade eine Position neu besetzt wurde, da ein altes Vorstandsmitglied ausschied. Als der Neue ernannt wurde, war ich noch Vorstandsvorsitzende, was ich seit kurzem aber nicht mehr bin. Jedenfalls wollte ich ihn gerne kennenlernen, denn schließlich hat er eine Menge Erfahrung. Wir vereinbarten also ein Treffen, das er aber platzen ließ. Da ich wusste, dass wir uns ohnehin am nächsten Tag bei einem Meeting treffen würden, sagte ich ihm, ich würde bei der Gelegenheit gerne ein paar Worte mit ihm wechseln. Am Ende des Meetings verschwand er jedoch sang- und klanglos, ohne auf mich zu warten. Ich rief ihn am Abend dann zu Hause an und hinterließ eine Nachricht auf seinem Anrufbeantworter, in der ich so etwas sagte wie: »Ich bedaure, dass wir keine Gelegenheit mehr hatten, miteinander zu sprechen. Rufen Sie mich doch bitte einfach zurück.«

So weit, so gut. Am nächsten Tag erhalte ich eine E-Mail, in der er mich wissen lässt, es sei für ihn ein eisernes Prinzip, sich nie mit einer Frau alleine im Raum aufzuhalten, außer im Beisein seiner Frau. Und ich dachte nur noch: »Ist das sein Ernst?!«

Aber meine Verwunderung darüber ist gar nicht einmal der Punkt. Sondern meine Reaktion! Ich war nämlich so sauer auf diesen Mann, so derma-

ßen wütend, und so kenne ich mich sonst gar nicht! Ich werde nicht sehr oft wirklich wütend, aber in letzter Zeit merke ich immer wieder, wie ich mich über die unsinnigsten Sachen aufrege. Zu dem Mann meine ich: »Naja, so denkt er eben und es sei ihm ja zugestanden, solche Vorstellungen zu haben.« Aber emotional habe ich mich damit wirklich schwer getan.

P'taah: Also gut. Unter der Wut, die du spürst, ist auch eine gewisse Frustration, nicht wahr?

F: *Ja.*

P'taah: Und unter all dem Ganzen verbirgt sich noch ein anderes Gefühl.

F: *Mmmm.*

P'taah: Wenn du still bist und das Gefühl zulässt, wovor hast du dann Angst? Was würdest du sagen?

F: *Na ja, auf jeden Fall davor, dass ich nicht gut genug bin.*

P'taah: Ja, und das ›nicht gut genug‹ sein bezieht sich auf mehrere Ebenen.

F: *Richtig.*

P'taah: Ok. Da ist zum einen die Vorstellung, nicht mehr so wichtig zu sein, da du nicht mehr die Nummer eins im Vorstand bist.

F: *Oh ja! (Lacht)*

P'taah: Du meinst, deine Ideen und Gedanken seien für diesen Mann nicht mehr so wichtig, da er gewissermaßen sein eigenes Spiel spielt und seine eigenen Vorstellungen hat.

Und hinter seinem Prinzip, nicht mit einer Frau allein sein zu wollen, steht seine lange Geschichte, die ihn dazu gebracht hat. Das hat aber nichts mit dir zu tun.

Für dich geht es nur darum, dass dieses Gefühl, nicht genug zu sein, ausgedient zu haben oder nicht weiter beachtet zu werden, sich auf andere Bereiche in deinem Alltag überträgt. Das Gefühl der Unzulänglichkeit oder das Gefühl, machtlos zu sein, wenn es darum geht, etwas an der Situation zu ändern, taucht nämlich auch bei anderen alltäglichen Situationen auf, die eigentlich überhaupt nichts damit zu tun haben. Anders ausgedrückt lässt du es zu, dass diese Situationen das Gefühl in dir auslösen, das du noch nicht bewältigt hast. Kannst du damit etwas anfangen?

F: *Oh ja, absolut! Ich staune nur einfach, weil ich schon seit vielen, vielen Jahren an diesen Sachen arbeite.*

P'taah: Weißt du, meine Liebe: Unterschätze dich dabei nicht! Schließlich bist du ein Mensch! Und du musst wissen, dass all diese

Sachen wesentlich zum Menschsein dazu gehören, zum Leben von Tag zu Tag. Und vergesst nicht, dass dieser tief in euch verwurzelte Teil davon, wer ihr wirklich seid, daran gewachsen ist. Und daher kann man sagen, dass derartiges auch noch weiterhin auftauchen wird. **Aber das Wunderbare ist, dass es einen Weg gibt, damit umzugehen. Du bist kein Opfer der Gefühle. Vielmehr kannst du mit dem Verstand erkennen, worauf diese Gefühle zurückzuführen sind. Und wenn dann die Gefühle wieder ausgelöst werden und dich wieder in die gleiche Situation bringen, kannst du einfach innehalten und atmen, es zulassen, würdigen und annehmen.**

F: *Ja.*

P'taah: Weißt du, wir würden dir und allen sagen, **dass es kein Zeichen von Versagen ist, dass ihr diese Momente von Frustration, Wut, Eifersucht, Schmerz oder Trauer erlebt. Es ist kein Zeichen von Versagen. Es ist ein Zeichen dafür, dass ihr lebendig seid und in eurer Welt lebt,** nicht wahr?

F: *(Lacht) Ja, und ich stelle mir vor, dass der Umgang damit so ähnlich ist, wie eine Zwiebel zu schälen.*

P'taah: Nun ja, so haben wir es auch schon mal beschrieben. Aber nochmals: Es geht hier nicht darum, einen bestimmten Grad an Perfektion zu erreichen und dann sagen zu können, »jetzt habe ich alle meine Themen bearbeitet!«

F: *(Lacht) Ja.*

P'taah: Denn wir sagen dir, dass solange du als Mensch in diesem Raum-Zeit-Kontinuum lebst, gewisse Themen, mit denen du in Resonanz gehst, an die Oberfläche kommen werden. **Und das ist kein Zeichen von Versagen. Es ist ein Zeichen dafür, dass ihr menschlich seid und lebt.**

F: *Ja, und was mir an mir selbst heute noch auffällt ist, dass ich mich am liebsten irgendwo verstecken und in Winterschlaf fallen würde. Ich mag es nicht besonders, unter die Leute zu gehen. Doch ich tue es, wenn es sein muss, aber wenn nicht, suche ich mir hier zu Hause irgendeine angenehmere Beschäftigung. Ich will einfach nicht gesehen werden. Ich will nicht, dass fremde Blicke auf mich gerichtet sind. Bisher habe ich noch nicht herausgefunden, was es damit auf sich hat, obwohl das ein ganz altes Muster von mir ist. Wahrscheinlich könnte ich als Einsiedlerin ein wirklich glückliches Leben führen.*

P'taah: Wenn du daran denkst, dich sozusagen in die Öffentlichkeit zu begeben, welches Gefühl hast du dabei?

F: *Na ja, Wenn ich erst einmal dort bin, ist es überhaupt nicht mehr schlimm.*
P'taah: Geht es um die Gedanken davor?
F: *Es geht darum, den ersten Schritt vor die Tür zu machen. Wenn ich erst einmal draußen bin, ist alles in Ordnung.*
P'taah: Ja. Und wie geht es dir, wenn du daran denkst, raus zu gehen oder mit anderen Menschen zusammen zu sein?
F: *Ich suche mir dann erst einmal alles Mögliche, was ich noch zu tun habe, damit ich das nicht machen muss.*
P'taah: Was ist das Gefühl dabei? Was ist es?
F: *Es ist einfach das Gefühl, dass ich nicht gesehen werden will. Ich will nicht, dass andere mich sehen. Ich will mich verstecken.*
P'taah: Warum?
F: *Steckt dahinter: »Ich bin nicht gut genug«?*
P'taah: Die Frage geht an dich. »Ich will nicht, dass andere mich sehen, weil …«?
F: *… weil ich nicht gut genug bin. Weil ich ihre Erwartungen nicht erfülle und sie über mich reden oder mich verurteilen werden. Weil sie mich nicht mögen werden und irgendetwas an dem auszusetzen haben werden, was ich so mache. Jaja, das ist ein eine ganze Menge, und zwar ziemlich alter Kram!*
P'taah: Natürlich, ist das alles alter Kram. Aber jetzt geht es darum, dass du das Gefühl fühlst und dann kann es weiter gehen.
F: *Es geht also darum, es tatsächlich zu fühlen und sich einfach zu sagen: »Ah ja, da ist dieser alte Kram wieder«, und sich dann die Schuhe anzuziehen und aus der Tür zu gehen?*
P'taah: Ja, genau. **Nimm dabei das kleine Mädchen in dir in den Arm, das ständig Angst davor hat, es nicht richtig zu machen und von anderen verurteilt zu werden.**
F: *Wie wahr, wie wahr! Sicherlich geht es darum, dabei bewusst zu atmen und das kleine Mädchen immer wieder aufs Neue in den Arm zu nehmen. Aber manchmal habe ich trotzdem das Gefühl, als würde es sich nicht so richtig verändern. Wenngleich ich es zuvor auch schon erlebt habe, dass ich eine wirkliche Veränderung wahrnehmen konnte. Aber derzeit fühlt es sich einfach so an, als würde ich damit weitermachen und es tut sich gerade nichts.*
P'taah: Gut.
F: *Und ich bin nicht sicher, was es damit auf sich hat.*
P'taah: Nun meine Liebe, verurteile es nicht. **Es geschehen derzeit sehr viele Dinge gleichzeitig in deinem täglichen Leben, und wir bitten dich, es nicht zu bewerten, sondern einfach mit dem Gefühl mitzugehen und es achtsam wahrzunehmen.**

F: *Okay.*

P'taah: Einfach wahrzunehmen, wie du dich fühlst.

F: *Ich muss sagen, dass hilft mir jetzt. Weil ich genau das tue: Ich bewerte. Ich bewerte alles. Ich bewerte mich. Ich bewerte alle anderen (lacht). Ich bin eine Bewertungsmaschine auf zwei Beinen. Ganz schön schräg manchmal.*

P'taah: Da bist du nicht die Einzige.

F: *Ja, und ich weiß noch, wie ich das in meiner Kindheit sehr oft getan habe und es mir dazu diente, mich selbst besser zu fühlen, wenn ich mit anderen zusammen war.*

P'taah: Aber natürlich. Bei allen negativen Urteilen über irgendetwas außerhalb von dir geht es immer um etwas, was du an dir selbst verurteilst und noch nicht bearbeitet ist.

F: *Stimmt.*

P'taah: Aber das ist in Ordnung. Sei sanft zu dir, ok?

F: *Ich glaube, was ich hören musste, war »Sei sanft zu dir«. Und einfach zu wissen, dass es das ist, was da gerade abläuft. Ich bin in vielerlei Hinsicht eine Perfektionistin, und daher ist so etwas nicht leicht für mich.*

P'taah: Nun ja, sogar die Vorstellung von Perfektionismus oder davon, perfektionistisch zu sein, fällt unter die gleiche Kategorie.

F: *Danke.*

Möchtest du dazu noch etwas ergänzen? Sonst können wir noch weitere Fragen aufgreifen, die von anderen hier eingereicht wurden.

P'taah: Gut, tun wir das.

Heilung für Erde und Mensch

F: *Okay. Hier möchte jemand wissen, was das wirksamste Bild ist, das wir uns in der Meditation vergegenwärtigen können, um zur Heilung der Erde beizutragen und gleichzeitig unser Bewusstsein auf eine höhere Ebene zu heben, mit dem wir sie durch die Veränderungen der Zeit hindurch begleiten können.*

P'taah: Gut. Wir würden sagen, ihr könnt euch grundsätzlich all das an Bildern vorstellen, was euch gefällt. Aber das Wichtige dabei ist, dass es die Liebe und Dankbarkeit für die Göttin Erde ausdrückt. So könnt ihr euch ein Bild vorstellen, das sie in ihrer unglaublichen Schönheit und Majestät zeigt – welches Bild auch immer euch gefällt, um die Herrlichkeit der Erde zu zeigen. Denn wisst ihr, so ist die Erde an ihrem Platz in der Galaxie. Sie ist immer perfekt.

Und wenn ihr euch das also vorstellt und eure Liebe und euren Dank der Göttin Erde zufließen lasst, aus der ihr hervorgegangen seid und der ihr angehört, so ist das vielleicht am Heilsamsten – sowohl für euch selbst als auch dafür, euch in Einklang mit der Göttin Erde zu bringen.

F: *Kommen wir zur nächsten Frage, bei der es darum geht, warum heutzutage so viele Menschen auf der Erde Demenz und Alzheimer bekommen und was das auf der spirituellen Ebene bedeutet.*

P'taah: Nun, es geht eigentlich nicht darum, ob die Anzahl derer, die davon betroffen sind, gestiegen ist. Wisst ihr, es gibt so viele Menschen und so würden wir sagen, dass sich der Prozentsatz im Grunde nicht verändert hat. **Demenz, Alzheimer und ähnliches zeigt gewissermaßen das Verlangen auf, nicht wirklich hier sein zu wollen, sondern eine Zeit lang weg zu sein. Manchmal kann dies aus Angst entstehen, bisweilen sogar aus der Angst vor der Demenz selbst.**

Oder aber es ist die Angst vor zu schnellen Veränderungen und davor, dass das Alte verschwindet und in Vergessenheit gerät. Dabei geht es um das Gefühl, sozusagen nicht Teil dieser neuen, sich verändernden Welt sein zu wollen.

F: *Mmmm.*

P'taah: Aber es ist in Ordnung, musst du wissen.

F: *Kann es auch sein, dass wenn jemand denkt, er oder sie sei dement, dies gewissermaßen der Auslöser dafür sein kann?*

P'taah: Nicht unbedingt. Nein, nicht unbedingt.

F: *Ich dachte auch eher an Vergesslichkeit und daran, dass man meint, zunehmend mehr zu vergessen. Mir entfallen nämlich regelmäßig Namen. Ich glaube nicht einmal, dass es damit schlimmer geworden ist. Aber manchmal kommt mir der Gedanke, dass wenn ich mir deshalb wirklich Sorgen machen würde, dann könnte das schon sehr beängstigend sein.*

P'taah: Ja, wenn du dir deshalb Sorgen machen würdest, wirklich ernsthafte Sorgen, dann könnte diese Angst natürlich eine Vergesslichkeit, ein Durcheinandersein, ein Nicht-klar-Denken-Können verstärken.

Weißt du, der Punkt bei deinem Vergessen ist oft einfach der, dass du etwas vergisst, weil es für dich gerade nicht im Vordergrund steht. Der Unterschied ist nur, dass dich das in sehr jungen Jahren nicht weiter beschäftigt. Erst in späteren Jahren misst du dem eine Bedeutung bei, weil dann diese Angst vor Demenz da ist.

Atme dich in deine Mitte zurück

F: *Die nächste Frage kommt von einer Frau, die wissen möchte, wie man die Lektion erkennt, die man in einer schwierigen Beziehung oder Situation lernen soll, um dann weiter zu kommen? (Lacht) Darin finde ich mich irgendwie auch wieder. Möchtest du dazu etwas sagen?*

P'taah: Was auch immer es für eine Beziehung sein mag, sie ist etwas Äußerliches. Alles, was sich jenseits deiner Haut abspielt, ist eine äußerliche Situation. Und wie auch immer diese Situation beschaffen ist, sie steht und fällt mit dem Gefühl. **Wenn ihr euch mit dem Gefühl auseinandersetzt und euch in eure Mitte zurück bringt, dann könnt ihr es hinter euch lassen und weitergehen.**

Außerdem, müsst ihr wissen, gibt es in Beziehungen oft Entscheidungspunkte, an denen ihr sagt: »Ich habe mich jetzt mit dem Gefühl befasst, das die Situation in mir heraufgeholt hat, aber ich will mich dieser Situation oder dieser Beziehung jetzt nicht länger aussetzen.« Auch das kannst du dir überlegen, weißt du?

F: *Ja. Mir gefällt das „Zurück in die Mitte kommen". Wenn ich schwierige Situationen durchmache, bin ich schon sehr oft dabei, zu atmen, denke dabei aber nicht unbedingt an meine Mitte. Ich glaube, das macht einen großen Unterschied.*

P'taah: Es ist durchaus ein Unterschied. Wenn du innehältst und tiefe Atemzüge machst, tue es mit der Absicht, dich in deine Mitte zurückzubringen, welche deine Anbindung ist. Die Anbindung an deine Seelenenergie und an das einheitliche Feld.

Das ist also ein wichtiger Punkt, an den du dich erinnern kannst, wenn du gestresst bist oder dich, aufgrund welcher äußeren Situation auch immer, völlig aus dem Gleichgewicht fühlst. Halte inne und atme, um dich in deine Mitte zurückzubringen. Auf diese Weise kannst du klare Entscheidungen treffen, denn sie hängen davon ab, wie du mit der Situation umgehst.

F: *Ja, ich denke, das wird bestimmt viel ausmachen: Statt nur bewusst zu atmen, den Fokus auch darauf zu lenken, zu diesem Gleichgewicht zurück zu finden, solange bis man spürt, dass sich etwas tut. Daran habe ich in der Tat nicht gedacht.*

P'taah: Sehr gut.

F: *Diese Antwort gibt mir eine Menge Kraft, und ich hoffe, das tut es auch für die Fragestellerin.*

Woher kommen Schmerz, Angst und Trauer?

F: *Wenn Seelen sich auf der Erde inkarnieren, war es dann Teil des Planes, Angst und Leid als Gegenpol zur Liebe zu erfahren, um emotionale Tiefe zu gewinnen? Manche sagen ja, man könne nicht lieben, sofern man den Unterschied im Vergleich zum Gegenteil nicht kennt? In gleicher Weise, wie man nicht wissen kann, was Licht ist, es sei denn, man erfährt im Gegensatz dazu die Dunkelheit.*

P'taah: Naja, weißt du, du musst nichts essen, das bitter oder ekelhaft schmeckt, um zu wissen, wie köstlich ein Eis ist.

F: *(Lacht) Guter Punkt.*

P'taah: Ihr seid hierhergekommen, um die Intensität eurer Emotionen zu erfahren, welcher Art auch immer. Dennoch müsst ihr kein Leben führen, das mit Schmerz und Angst und Trauer belastet ist. Bei menschlichen Inkarnationen in dieser Zeit und Epoche ist das allerdings, wie wir sagen würden, bislang weitestgehend immer so gewesen.

Aber, wisst ihr, Liebe ist immer da und immer da gewesen, denn Liebe ist die Wahrheit dessen, wer ihr seid. Und das gilt es in Erinnerung zu behalten. **Daran gilt es festzuhalten, an der Idee, dass die Liebe die grandioseste Wahrheit von allen ist. Liebe – das ist das, was ihr in Wahrheit seid. Und Liebe ist einfach ein anderer Name für ALLES-WAS-IST.** Schmerz, Angst und Trauer sind Gefühle, die dann entstehen, wenn ihr euch abgeschnitten fühlt von eurer, mit der höchsten Quelle verbundenen Natur – von der Wahrheit dessen, was ihr wirklich seid.

Und ein Teil der derzeitigen Transformation dreht sich darum, dass dies erkannt wird. Dass diese Wahrheit an höchster Stelle steht, nämlich dass die Liebe das ist, was ihr in Wahrheit seid, dass Liebe eure der höchsten Quelle entsprechende Natur ist und dass ihr ein vollkommener und ewiger Ausdruck dessen seid, unabhängig davon welchen Anschein es auch haben mag.

Wisst ihr, Schmerz, Trauer und Angst sind nicht deshalb vorhanden, weil ihr der höchsten Quelle gleichgültig seid, sondern weil ihr von dieser der höchsten Quelle entsprechenden Natur abgeschnitten seid. Dies geschieht natürlich durch Angst und auch aufgrund von Unwissenheit, von Aberglauben, sowie von diversen Vorstellungen, die von den Religionen in die Welt gesetzt wurden.

Liebe und Freude: Wer Krieg hasst, schafft keinen Frieden

F: Hier kommt eine Frage, bei der es ein Stück weit um genau diesen Aspekt geht: »**Wie kann ich Liebe und Freude empfinden, wenn so viel Leid und so viel Schmerz auf der Welt existiert?** *Und wie kann ich, wenn ich den Schmerz all dieser Menschen spüre, den Fokus auf die Liebe richten?« Mir kommt es so vor, als könne man nichts Weiteres tun, wenn man etwas an dem Ganzen ändern will?*

P'taah: Das ist richtig. Man schafft keinen Frieden, indem man Krieg und Konflikte hasst oder auch Schmerz, Hunger oder Not. **Ihr schafft Liebe und Harmonie, indem ihr Liebe und Harmonie seid.** Und indem ihr euch bewusst seid, dass jede Person ein unumschränkter Gott oder eine unumschränkte Göttin ist. Jede Person ist ein unumschränkt souveränes Wesen. Jede Person erschafft sich ihre eigene Realität und befindet sich auf ihrer eigenen Reise.

Ein jeder hat es für sich um der Erfahrung willen so erschaffen, in einer bestimmten Situation zu sein, und es steht euch nicht zu, über ihre Entscheidung zu richten. Es ist lediglich eure Aufgabe, Mitgefühl zu zeigen, eine unterstützende und fördernde Hand auszustrecken, wo immer ihr könnt, und euer Leben soweit wie irgend möglich so zu leben, dass ihr alles seid, was ihr nur irgend sein könnt. Und ein Beispiel zu sein für diese Liebe, dieses Mitgefühl, dieses Nährende, dieses Heilende – all das. Alles zu sein, was in euch steckt, in jedem Moment. Darin besteht eure Verantwortung.

F: Interessant, was du da sagst. Ich denke, es gibt Zeiten, in denen man emotional so mit Wut oder Angst aufgeladen ist und doch ist da, wenn man zur Liebe zurückkehrt, dieses »Zur-Ruhe-Kommen«, was sich so gut anfühlt.

P'taah: Ja. So ist es. Und, wisst ihr, es liegt eine recht wundersame Kraft in der Wut, wie du sie nennst. Darin, einmal wirklich vor Wut zu toben und sie mit voller Wucht zu erleben. Hoffentlich ist sie dabei jedoch nicht auf eine Person gerichtet, sondern ist einfach nur da, um erfahren zu werden. Diese Wut zuzulassen und dann die Angst in die Arme zu schließen, die sie hervorgebracht hat, erlaubt euch, euch wieder in das warme Federbett der Liebe sinken zu lassen.

Die Vergangenheit verändern

F: *Ich habe noch eine weitere Frage für heute, und zwar: Du hast ja schon bei anderer Gelegenheit gesagt, dass wir die Vergangenheit verändern könnten, wenn wir uns selbst heilen und die Dinge in der Gegenwart mit offenen Armen willkommen heißen. Ich habe hier das Wort ›heilen‹ genutzt, auch wenn es vielleicht nicht ganz zutreffend ist. Und nun würde mich interessieren, ob du dazu vielleicht noch mehr sagen kannst?*

P'taah: Nun, ihr verändert eure persönliche Vergangenheit, wenn ihr euren Frieden mit ihr geschlossen habt, versteht ihr? Wenn ihr die Wunden und das gebrochene Herz heilt, das vom Trauma früheren Lebens oder von eurer Vergangenheit, wie sie auch ausgesehen haben mag, zurückgeblieben ist.

Und wenn ihr wirklich sagen könnt: »Ich bedaure nichts, weil mich alles zu diesem Punkt hier geführt hat, zu dieser Art des Seins, zu dieser Fähigkeit, mich so zu lieben, wie ich bin«, dann **habt ihr mit dieser Akzeptanz und Liebe gewissermaßen eure Vergangenheit transformiert.** Die Vergangenheit wird nicht länger an einem separaten Ort des Schmerzes und der Qualen gehalten, sondern sie wird sozusagen eingesammelt und wandert wohlwollend in das Füllhorn der Liebe. Sie wird aufgewirbelt und in euer göttliches Licht aufgenommen, wie wir sagen, und hierdurch transformiert.

F: *Das können wir für uns selbst tun. Aber gibt es denn sonst noch etwas, das wir für andere tun können, um beispielsweise etwas ›wiedergutzumachen‹? Und ich meine damit jemanden, bei dem wir das Gefühl haben, ihn verletzt oder einen Schaden zugefügt zu haben oder was auch immer. Jemanden, den wir nach unserem Gefühl geschädigt oder verletzt haben. Oder müssen die Betroffenen da selbst aktiv werden?*

P'taah: Sie müssen selbst aktiv werden, da es immer ein gemeinsames Werk oder eine Co-Kreation ist.

F: *Okay. Ich kann dir sagen, dass das für mich eine ziemlich emotionale Session gewesen ist (lacht), aber ich fühle mich so unglaublich besser, P'taah. Witzig, wie das funktioniert, oder?*

P'taah: So ist es, meine Liebe. Du sollt wissen, dass du nicht allein bist, egal welche Situation du gerade durchmachst oder welche Gefühle auch da sein mögen. Du bist nicht die einzige Person auf dem Planeten, die solche Gefühle hat.

Alle Personen auf dem ganzen Planeten haben diese Gefühle erlebt, oder erleben sie in diesem Moment, nämlich die Angst davor, nicht genug zu sein und ohnmächtig zu sein, sowie davor, dass Liebe Schmerz bedeutet und die Welt kein sicherer Ort ist.

Und wie wir schon so viele Male zuvor gesagt haben: **Die Angst ist nicht euer Feind. Diese Angst ist lediglich derjenige Anteil von euch, der vergessen hat, wer ihr in Wahrheit seid.**

Meine Liebe zu euch ist groß und wir danken euch in der Tat für diese Gelegenheit, uns mit euch auszutauschen.

F: *Meine Liebe zu dir ist auch groß. Ganz herzlichen Dank, P'taah.*
P'taah: Namaste.

Zweite Übermittlung

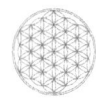

Älterwerden ohne Trauern und Bedauern

P'taah: Guten Tag, meine Lieben.
Alle: *Guten Tag, P'taah.*
P'taah: Meine Liebe, wie geht es dir an diesem Tag eurer Zeit?
F: Es geht so, P'taah, vielen Dank. Aber ich bin sehr erfreut, mit dir zu sprechen. Wir haben ein paar Fragen gesammelt, und ich freue mich jedenfalls immer sehr, mit dir zu sprechen.
P'taah: Meine Liebe, ich auch. Gut, lass uns beginnen.
F: Gut. Nun, ich dachte mir, P'taah, dass ich dich zunächst einfach einmal zu einigem befragen könnte, was in mir in letzter Zeit so vorgeht.
P'taah: Weißt du, meine Liebe, wir würden sagen, es gibt keine Fragen, die sich als bedeutungslos bezeichnen ließen und das gilt für euch alle. Denn bei allem was ihr erschafft und selbst wenn der Verlauf eurer Geschichte jeweils ein wenig anders ist, **laufen alle Gefühle letztendlich auf dasselbe hinaus. Und je mehr ihr euch also austauscht über die Realität dessen, was bei euch auftaucht, desto mehr könnt ihr einander behilflich sein, einander unterstützen und einander nähren.** Das ist daher völlig in Ordnung. Fahre also fort.
F: Danke, P'taah. Ich werde dieses Jahr sechzig, und ich glaube nicht, dass ich mir darüber je so wirklich Gedanken gemacht habe. Ich bin quasi einfach so durch das Leben gegangen.

Ich habe keine große Angst vor dem Tod als solchem, jedenfalls nicht mehr als die meisten anderen. Aber bei mir kommen Emotionen auf, wenn mir all das in den Sinn kommt, was ich noch nicht gemacht habe und mir klar wird, dass es an diesem Punkt heute unwahrscheinlich ist, dass ich das alles überhaupt jemals noch machen werde. Nicht, dass es unmöglich wäre, aber es ist schon eher unwahrscheinlich.

Es ist beinahe ein Gefühl von Trauer bezogen auf das eigene Leben und den Versuch, mich damit zu arrangieren, wo ich heute stehe und welchen Wert das Leben hat, das ich geführt habe.

P'taah: Gut. Wir würden einmal zu allen in dem Alter sprechen: Wenn ihr fünfzig geworden seid, so könntet ihr sagen, das ihr für eure Verhältnisse sozusagen auf halber Strecke seid. Ihr habt immer noch viele Entscheidungsmöglichkeiten, seid gesundheitlich fit und fühlt euch gut genug, um noch etwas zu erreichen.

Wenn ihr sechzig werdet, sagt ihr euch wie auch unsere Frau [Jani King], als sie im selben Alter war: »Von nun an geht's bergab!« Ihr werdet euch gewissermaßen eurer Sterblichkeit bewusst und auch darüber, dass ihr weiter altern werdet, wenn ihr die Sechzig überschreitet. Hierbei sei angemerkt, dass ein Alter von sechzig Jahren in nicht allzu ferner Vergangenheit tatsächlich als sehr alt galt. Trotzdem fallen euch körperliche Veränderungen auf und vielleicht merkt ihr dabei auch, dass ihr nicht mehr unbedingt die gleichen Möglichkeiten habt oder auch nicht mehr an den gleichen Möglichkeiten interessiert seid, die zehn Jahre zuvor für euch noch von Interesse waren.

Also ja, wir sehen das und wissen aufgrund unserer Interaktionen mit dem menschlichen Bewusstsein in diesem Jetzt, dass dies mitunter ziemlich deprimierend sein kann.

Was wir jedoch sagen würden, ist folgendes: **Ihr müsst dieses kollektive Bewusstsein des Alterns ja nicht anzapfen.** Obwohl uns aufgefallen ist, dass es in der Tat diesbezüglich gewisse natürliche Präferenzen gibt, die auftauchen, wenn das von euch so genannte Alter näher heranrückt.

Wir erinnern euch jedoch daran, dass ihr bei guter Gesundheit eures Mental- und Emotionalkörpers tatsächlich mit Würde und Anmut in diese Zeit des Wandels hineingleiten könnt, ohne das Gefühl haben zu müssen, eingeschränkt zu sein.

Ein Teil deiner Trauer bezieht sich darauf, dass die besagten Gelegenheiten verstrichen sind. Selbst wenn euch eigentlich gar nichts daran läge, euch für diese oder jene Möglichkeit entscheiden zu können, so seht ihr die Tatsache, dass es euch jetzt nicht mehr interessiert, euch für dieses oder jenes zu entscheiden, als Zeichen dafür, dass ihr alt werdet.

F: *Ja.*

P'taah: Wir möchten euch empfehlen, auch einmal an die Vorzüge, die Freuden dieses Älterwerdens zu denken.

F: *Da war noch etwas, noch ein weiterer Aspekt, der mir durch den Kopf ging. Ich bekam nämlich mit, wie ein alter Mann über sein Leben redete. Als junger Mann hatte er im Krieg ziemliche Heldentaten vollbracht. Er unterhielt sich mit seinem Freund, der überhaupt nichts dieser Art getan hatte, aber jetzt, wo sie beide alte Männer waren, spielte es im Grunde keine Rolle* *mehr, was sie gemacht hatten oder nicht. Und ich dachte mir: Spielt es denn überhaupt eine Rolle?*

P'taah: Weil ...?

F: Weil das, worauf es wirklich ankam, war, was für Menschen sie geworden waren. Inwieweit sie ihr Leben in Liebe verbracht hatten.

P'taah: Genau, und auch, wieviel Weisheit sie gesammelt haben.

F: Ja.

P'taah: In eurer Kultur ist derzeit nicht so viel von der Weisheit die Rede, die mit dem Alter gesammelt wird. Eure Kultur ist eine Kultur von Jugend und Schönheit in der das Alter nicht mit Ehrerbietung betrachtet wird. Einer eurer Dichter sagte sogar, der einzige Feind von Unschuld und Schönheit sei die Zeit. Für unser Empfinden ist das irgendwie süß.

Doch ungeachtet der Tatsache, dass Alter und Weisheit in eurer Kultur nicht ehrfürchtig behandelt werden, so sieht die Wahrheit doch so aus, dass sich **mit dem Alter und der Weisheit – und wirklich erst dann – innerer Frieden und Gelassenheit einstellen. Und das gehört zu den Freuden des Alterns. Dass ihr ganz ihr selbst sein könnt, ganz entspannt ihr selbst.**

F: In letzter Zeit kommt mir oft ein schmerzliches Gefühl, wenn ich mir die jüngeren Leute um mich herum so anschaue. Was sie nicht sehen und was ich in ihrem Alter auch nie gesehen habe, ist die Schönheit um sie herum. Es tut mir weh, wenn ich mitbekomme, dass auch sie die Schönheit in ihrer Jugend nicht wahrnehmen und ich ihnen das nicht sagen kann. Heute kann ich sie sehen, aber ich kann das nicht wirklich an sie weitergeben.

P'taah: Nein, das stimmt.

F: Aber das hat das Jungsein eben so an sich. Es ist ganz seltsam, und mit zunehmendem Alter nehme ich es jetzt plötzlich wahr. Die Geschwindigkeit, mit der ich das alles erlebe, ist noch ein weiterer Aspekt dabei, denn die Zeit verrinnt ja immer schneller und mit zunehmendem Alter scheint sich die Uhr noch mal schneller zu drehen.

P'taah: Ja, und was möchtest du nun über diesen Aspekt der Zeit sagen, die immer schneller verrinnt und an dir vorbeirast? Was wird dann wichtig?

F: Na ja, ich weiß nicht. Vielleicht in jedem Moment so präsent wie möglich zu sein.

P'taah: Absolut.

F: Ich habe dieses Gefühl, dass die Vergangenheit nicht existiert, ich meine, es ist geradezu so, als hätte das Ganze nicht mehr als ein Wimpernschlag

gedauert. Als würde ich mir gewahr werden, dass es fast wie ein Traum ist, aus dem ich bald aufwachen werde. Und da gibt es ein Stück in mir, das jetzt versucht, sich an diesem Traum festzuklammern. Ich will nicht aus ihm aufwachen, obwohl ich es über weite Strecken des Traumes kaum erwarten konnte, aus ihm herauszukommen!
P'taah: Ja.
F: *Und jetzt, wo ich sehe, dass er bald vorbei ist, wird mir klar, was für ein außergewöhnlicher Traum das war.*
P'taah: In der Tat, in der Tat. (Lachen)
Und je mehr du deinen Dank aussprichst und in dem Gefühl der Dankbarkeit für diesen außergewöhnlichen Traum bist, desto süßer wird er, Tag für Tag. Du kannst dankbar sein, dass er wirklich so wunderschön ist, und dass du noch so viele Möglichkeiten hast und so viel Zeit für weitere Entdeckungen. Du kannst dich in der Schönheit des Ganzen sonnen und wissen: Wenn du aufwachst, findest du dich in einer wundersamen neuen Welt wieder, die natürlich auf eine gewisse Weise überhaupt nicht neu ist. Man nennt es ›nach Hause kommen‹.
F: *Etwas, was passiert, wenn man älter wird, ist, dass Krankheit als eine Möglichkeit stärker in das Blickfeld rückt. Nicht, dass sie wahrscheinlich wäre, aber auf jeden Fall möglich. Und ich denke, mit zunehmendem Alter kreisen immer mehr Gedanken um dieses Thema.*
P'taah: Ja, und deshalb ist es wichtig, sehr präsent und vorsichtig zu sein, damit ihr nicht dem Glauben verfallt, dass Alter Krankheit bedeute. Es muss überhaupt nicht Krankheit bedeuten. **Aber ihr müsst wirklich wachsam sein, in Bezug auf das, was ihr denkt und worauf ihr euren Fokus lenkt. Besonders, wenn ihr viel mit Menschen eurer eigenen Altersgruppe zu tun habt, kann es sonst all zu leicht passieren, dass die Aufmerksamkeit ständig um Dinge kreist, die nicht so sind, wie sie sein sollten. Damit sind die ganzen körperlichen Gebrechen und dergleichen gemeint.**
F: *(Lacht) Himmel, ja! Ja, und ob!*
P'taah: Ja, und genau deshalb ist es wichtig, den Fokus zum einen auf die Dinge zu legen die das Positive am Körper bestätigen und zum anderen auf die Freude, von eurem Körper Gebrauch machen zu können, wie es euch beliebt. Hört wirklich auf den Körper und macht mit Genuss von ihm Gebrauch, würden wir dazu sagen.
Natürlich stellt sich mit dem Alter auch die Möglichkeit ein, mehr und mehr im Kopf zu leben. Doch auch da geht es wieder darum,

recht wachsam darauf zu achten, nicht zu viel Zeit in eurer Vergangenheit zuzubringen, sondern den Fokus eher auf die Gegenwart zu lenken. Und vergesst außerdem nicht, wie wichtig es ist, von eurer glorreichen Zukunft zu träumen, ganz gleich ob es dabei um Minuten oder Tage, Monate oder Jahre geht, die man Zukunft nennt, wisst ihr?

Deine Schwingung verändert das Universum

F: *Ein Punkt, der umso mehr Bedeutung bekommt, je älter man wird, ist der, aktiv zu bleiben und sich im Außen beschäftigt zu halten. Dies gilt vor allem für Menschen, die ihr ganzes Leben lang gearbeitet und ihre Berufstätigkeit aufgegeben haben, mit der Vorstellung, jetzt würden sie ihr Rentnerdasein genießen. Man sollte Dinge im Fokus haben, die über einen selbst hinausgehen, damit man etwas anderes zu tun hat, als auf den eigenen Herzschlag zu lauschen und ängstlich darauf zu achten, ob das Herz nicht vielleicht etwas unregelmäßig schlägt oder so. (Lacht)*

P'taah: Ja, in der Tat.

F: *Ich war über Weihnachten und Neujahr unterwegs, und wenn ich sieben Tage die Woche 24 Stunden am Tag mit anderen zusammen war, dann komme ich nach Hause und ziehe mich einfach komplett zurück. Ich bin dann wirklich allein und treffe mich nur mit ganz wenigen.* **Und dann frage ich mich, was wirklich der Sinn meines Daseins ist.** *(lacht) Und ob ich für irgendjemanden von Nutzen bin, wenn ich meine Zeit nicht aktiv damit zubringe, da draußen etwas für Menschen zu tun.*

P'taah: Was meinst du hätte den größten Einfluss auf deine Welt, selbst wenn du dabei allein bist?

F: *Nun, ich denke, das wäre dankbar zu sein und Dank und Mitgefühl auszusenden.*

P'taah: Genau das. Weil du nämlich auf der körperlichen Ebene allein sein möchtest. **In deinem Bewusstsein jedoch bist du nicht allein, auch wenn es den Anschein erwecken mag. Du bist Teil des verwobenen Geflechts namens Menschheit.**

Und so sagen wir, wie schon so oft zuvor, was wir auch immer wiederholen werden: Wenn ihr euren Dank aussprecht und in dem Gefühl der Dankbarkeit verweilt, dann seid ihr verbunden. Nicht nur mit dem einheitlichen Energiefeld und mit dem größeren Teil, der ihr seid, sondern auch mit dem Netzwerk menschlichen Bewusstseins.

Je mehr du deinen Dank aussprichst und in dem Gefühl der Dankbarkeit verbleibst, desto mehr gibst du deiner Welt zurück. Das ist dein unsichtbarer Wert.

F: Eine andere Frage von mir bezieht sich darauf, die eigenen Gedanken zum Wohl anderer zu intensivieren. Wie stelle ich das am besten an? Sagen wir, ich betrachte alle meine Brüder und Schwestern, die unter diversen Regimes und unter Armut leiden, und all das, womit Menschen auf dieser Welt so zu kämpfen haben. Wie kann ich ihnen durch mein Mitgefühl und meine Liebe möglichst viel Gutes tun?

Geht es einfach nur darum, an sie zu denken und für eine Welt zu danken, die eine Welt der Fülle und der Liebe ist? Oder gibt es eine Möglichkeit, wie ich meine Gedanken verstärken und quasi zu einer Art Laser bündeln kann, damit sie davon profitieren können?

P'taah: Je intensiver du dich darauf konzentrierst, desto mehr profitieren sie. Noch besser ist es natürlich, Gruppen von Menschen zu haben, die sich gemeinsam darauf konzentrieren, die einfach miteinander schweigen und sich dabei auf die Benachteiligten eurer Welt und auf diejenigen konzentrieren, die Schmerz erfahren.

F: Auf welche Weise sollten wir uns konzentrieren? Und auf was genau?

P'taah: Das liegt bei euch. **Haltet die Menschen, die Schmerz und Qualen erleben, in eurem Herzen und sendet ihnen einfach eure Liebe zu!**

F: Also einfach so, als würden wir ein Baby in den Armen halten?
P'taah: Ja.
F: Als würden wir das ganze Land, den ganzen Planeten und all diese Menschen in den Armen halten und ihnen einfach unsere Liebe senden?
P'taah: Ja. Und daneben dankt ihr für die Erfahrung, Mensch zu sein. Bedankt euch für jedes Gefühl, das in euren Lebensteppich eingewoben wird.

F: Darauf würde ich gerne noch einmal kurz zurückkommen. Wir haben ja vom Altern als Zusammentragen von Weisheit gesprochen, und du hast gesagt, dass man damit zum menschlichen Bewusstsein insgesamt beisteuere. Mir kam es immer irgendwie eigennützig vor, dass Menschen massenhaft Weisheit anzuhäufen suchen, und ich fragte mich, wozu. Was du aber sagst ist, wenn ich das richtig verstehe, dass das tatsächlich das menschliche Bewusstsein bereichert, richtig?

P'taah: Ja, das tut es. Natürlich tut es das.

F: **Meine Bewusstseinserweiterung hilft also allen anderen ihr Bewusstsein zu erweitern,** *ist es so gemeint?*

P'taah: Ja, das ist es.
F: *Verstehe.*
P'taah: Wie könnte es denn anders sein?
F: *Das ist interessant, weil ich bezogen auf mich selbst auch schon das Gefühl hatte, es sei schrecklich egoistisch, wenn ich mir die Zeit nehme, mich mit Dingen auseinanderzusetzen und etwas dazuzulernen, was mich interessiert. Von daher gefällt mir die Idee, dass das vielmehr ein Geschenk für alle sein kann.*
P'taah: Weißt du, meine Liebe, wenn du deinem Herzen folgst und dem, was dich fasziniert, wenn du das tust, was dein Herz zum Singen bringt, wenn du freudvoll bist, zufrieden bist, glücklich bist, gelassen bist, fröhlich bist – wenn du all das bist, erzeugst du eine Resonanz. Du gleichst dann einer Stimmgabel und die Resonanz, die von dir ausgeht, berührt jeden Teil des Bewusstseins in eurem Universum.

Je mehr du also eingestimmt bist auf den Dank, die Dankbarkeit, die Freude, das Glück, die Gelassenheit, die Zufriedenheit, die Leidenschaftlichkeit und die Faszination, so bist du in dieser Resonanz, die nach Außen ausgesendet wird. Dabei geht es nicht nur um dich. Auch wenn du ein großes Aha-Erlebnis hast, geht es nicht nur um dich. Es geht um jedes Wesen, jede Pflanze, jede Blume, jede Kreatur.
F: *Wow!*

Was sich verändert, wenn wir sterben

F: *P'taah, ich weiß nicht, warum mir das gerade während unseres Gesprächs in den Sinn kam: Ich musste daran denken, wie unterschiedlich es ist, wenn ich dich tatsächlich durch deine sogenannte Frau [das Medium, Jani King] reden höre, als wenn ich dich in meinem Kopf höre. Du bist jetzt viel stärker präsent. Ich führe eine solche Zwiesprache nicht, da ich an das, was ich in meinem eigenen Kopf höre, nicht so recht glauben kann. Aber wie ist das, wenn ich sterbe? Werden wir uns dann intimer begegnen. So wie hier jetzt gerade?*
P'taah: Ja.
F: *Gut, ich freue mich darauf.*
P'taah: Für uns ist es dann gewissermaßen so, dass die Barrieren wegfallen. So ist es auch, wenn ihr einen geliebten Menschen an den Tod verloren habt. Was dann geschieht ist, dass für den ›Verstorbenen‹ die Barriere wegfällt. **Diejenigen, die sich von ihren Körpern verabschiedet haben, erleben sogar eine innigere Verbundenheit mit de-**

nen, die noch im Körper sind, während diese es oft als plötzliches und völliges Getrenntsein von den Verstorbenen erleben.

Wenn sie innehalten und das Gefühl des Getrenntseins loslassen würden und sich einfach in die Gegenwart der Person hineinbegeben, die körperlich von ihnen gegangen ist, ist der Kontakt in der Tat viel enger, da der Körper wegfällt. Da ist keine Barriere.

Wenn du also stirbst, fallen die Barrieren weg, die dir von deiner physischen Realität auferlegt werden und von der Tatsache, dass du im kollektiven Bewusstsein der dreidimensionalen Dichte eingesperrt bist. Verstehst du?

F: *Ja. Und ich denke, dass auch das mit dem Älterwerden zusammenhängt. Ich habe eine ältere Freundin, die mir sagt, jetzt, wo sie auf die Achtzig zugeht, sei es ein wenig wie im Krieg, in dem die Einschläge immer näher kommen. Überall um sie herum sterben die Menschen wie Fliegen.*

Ich denke, der Punkt dabei ist, dass wenn man älter wird, der größere Anteil der Menschen, die man kennt, körperlich nicht mehr da ist. Ich selbst empfinde eine ziemliche Verbundenheit mit Angehörigen und Freunden, die schon vor mir gegangen sind. Und ich kann mir vorstellen, wenn der Zeitpunkt für mich selbst näher rückt, werde ich mich immer stärker mit ihnen verbunden fühlen, bis ich mich dann tatsächlich zu ihnen geselle.

P'taah: Ja, richtig. Das kann durchaus eine überaus freudvolle Sache sein, musst du wissen.

F: *Oh, ich freue mich auch darauf.*

P'taah: Ja, in der Tat, und auch das ist unter anderem das Schöne am Älterwerden. Wir sprechen nun jedoch nicht von Menschen in deinem Alter, das im Grunde noch recht jung ist, sondern von denen, die für eure Begriffe körperlich ein sehr hohes Alter erreichen. Für sie ist das Schöne daran, dass sie dann sozusagen sowohl hier als auch dort sind. Bis sie gewissermaßen einfach von dannen driften.

F: *Du sagst also, dass ein gewisser Aspekt des Bewusstseins, den ich als ›Ich‹ betrachte, dann, wenn ich gehe, überlebt? Das war mir nämlich nie so richtig klar.*

P'taah: Ja, das tut es. Es erweitert sich natürlich. Es erweitert sich, um alles zu umfassen, was du bist. Wenn ihr in dieser dreidimensionalen dichten Körperlichkeit seid, die ihr in diesem Jetzt erfahrt, ist euer Fokus so intensiv, so exquisit fein auf diese Realität ausgerichtet, dass nicht viel Raum für irgendetwas anderes bleibt. Wenn ihr ein hohes Alter erreicht, weicht dieser Fokus in der Regel auf und der Blick weitet sich, verstehst du?

F: *Das tue ich. Wie es ja sogar heute schon einmal der Fall sein kann in Momenten großer Freude.*
P'taah: Ja. Oder wenn du in einem Zustand tiefer Meditation bist. Wenn du in einer Art Alpha-Zustand bist, so dass der Fokus weicher wird, sich erweitert und umfassender wird.

Synchronizität – Zufall oder glückliche Fügung

F: *P'taah, ich habe hier eine Frage von jemandem bekommen, die da lautet: »Ich würde von dir gerne mehr zur Synchronizität, den glücklichen Fügungen hören. Ich sehe sie als Hinweise, durch die uns zu verstehen geben wird, dass wir alle miteinander verbunden sind und dass nichts außerhalb von uns existiert. Sie sind quasi ein Zeichen, die uns das Leben schickt.«*

P'taah: Nun, glückliche Fügungen sind Begebenheiten, zu denen auch ihr schöpferisch etwas beigetragen habt. Hier geht es einfach darum, darauf zu achten und sie wahrzunehmen, wisst ihr. Synchronizität oder glücklichen Fügungen, könnt ihr daran erkennen, dass wenn ihr euch zum Beispiel etwas dringend wünscht oder eine bestimmte Situation herbeisehnt, sich prompt das ganze Universum sozusagen umsortiert, so dass es sich tatsächlich so fügt. Und das geschieht möglicherweise mit Hilfe von jemand anderem, dessen eigene Erwartungen zu dem von euch Ersehnten passen.

Nun seid ihr natürlich nicht in der Lage, die großen Gesamtmuster zu sehen. Natürlich nicht. Ihr könnt nicht einmal die größeren Muster in eurem eigenen Leben sehen, aber im Nachhinein werden sie oft klar. Rückblickend könnt ihr oft sagen: »Aha! Wie interessant, dass ich dieses und jenes gemacht habe, und dann passierte das, was wiederum dazu führte, dass ich dieses und jenes getan habe.«

Und dann könnt ihr sehen, dass ihr ein bestimmtes Muster erzeugt habt, das immer wieder von Punkten gekennzeichnet war, an denen ihr eine Entscheidung treffen musstet. Und diese Entscheidungspunkte trafen wiederum mit Entscheidungspunkten anderer zusammen. Und genau das bietet die Möglichkeit, die Synchronizität wahrzunehmen, die glücklichen Fügungen, zu denen du das Deine beigetragen hast. So siehst du, dass es wirklich keine Zufälle gibt.
Alles ist Bestandteil von Mustern, die entstehen. Wir möchten das mit einem Webteppich vergleichen, den ihr euch anschaut. Stellt

euch vor, jemand hat diesen Teppich gewebt mit Kette und Schuss, mit Farben und einem Muster. Ihr seid ein Faden darin, doch ihr wisst nicht, wie ihr dort hineinpasst. Erst wenn ihr von einem erhöhten Standpunkt auf den Teppich blickt, könnt ihr das Muster erkennen. Dann seht ihr auch wie ein einzelner Faden durch das Muster des Teppichs hindurch verläuft.

Ein anderer Vergleich ist der einer Filmrolle. Wenn ihr da sitzt und euch einen Film anseht, folgt ein Bild so schnell auf das andere, dass ihr darin eine Geschichte seht. Am Ende könnt ihr den Film aufwickeln und sehen, dass es sich um eine Rolle Film handelt, in ihrer ganzen Körperlichkeit. Das ist euch aber nicht bewusst, wenn ihr da sitzt und euch den Film Bild für Bild anseht.

Einen flüchtigen Eindruck von den Zusammenhängen könnt ihr also bekommen, wenn ihr auf sie achtet. Damit meinen wir nicht nur die physischen Begebenheiten von Synchronizität, zu denen ihr etwas beigetragen habt, sondern auch die Gedanken und Gefühle, die mit der Synchronizität verbunden sind. Und wenn so etwas geschieht, sagt ihr sehr oft so etwas wie: »Ach, ich habe gerade noch daran gedacht« oder »Oh, du weißt ja, dass ich das immer gewollt habe.« Und wenn der Zeitpunkt der richtige ist, dann taucht es in eurem Leben auf.

Es macht wirklich ziemlichen Spaß, das wahrzunehmen. Und auf diese Weise lernt ihr, wie das funktioniert. Ihr lernt, mehr darauf zu achten und präsent zu sein.

Sehr oft entgehen euch solche Dinge, weil ihr nicht im Jetzt seid. Stattdessen seid ihr in diesem Augenblick bereits damit beschäftigt, was ihr im nächsten oder einem zukünftigen Augenblick tun wollt. Oder aber euer Fokus ruht auf eurer Vergangenheit. **Je mehr ihr also wirklich präsent und aufmerksam sein könnt, desto mehr werdet ihr in der Lage sein, diese Synchronizitäten wahrzunehmen und das groß angelegte Muster des Ganzen zu erkennen.**

F: *Danke, das ist enorm kraftvoll. Und es spricht auch dafür, dass man auf diese Weise Wunderbares erschaffen kann. Aber indem man düster vor sich hinbrütet und sich auf all das Schreckliche konzentriert, was geschehen könnte, kann man auch Katastrophen erschaffen.*

P'taah: Ja.

F: *Also heißt es: »Vorsicht mit den eigenen Gedanken«.*

P'taah: Achtet darauf, worauf ihr euren Fokus richtet. (Lachen)

ALLE SEELEN SIND EINS UND GLEICH ALT

F: *Die nächste Frage bezieht sich auf das Sprichwort »Alles, was war und ist, wird immer sein«. Sie lautet: »Werden die göttlichen Seelen nach der großen Veränderung noch weiter die Erfahrung in der dreidimensionalen Dichte, die von Angst beherrscht ist, durchleben und sie für sich wählen?«*
P'taah: Das werdet ihr. **Natürlich seid ihr bereits dort in euren zukünftigen Leben. Sie geschehen alle jetzt.** Ihr könnt sagen, dass in diesem ›Jetzt‹ mehr und mehr von euch dabei sind, etwas über die Angst zu lernen. Und was es wirklich auf sich hat mit ihr und wie sie sich transformieren lässt.

Man könnte also tatsächlich sagen, dass es Leben in der physischen Realität gibt – wir würden weniger von dreidimensionaler Dichte sprechen, aber auf jeden Fall von der physischen Realität –, wo ihr nicht von Angst beherrscht werdet. Es kommt hier, in eurer gegenwärtigen physischen Realität, durchaus häufig vor, dass ihr nicht von Angst beherrscht seid. **Und wenn diese Momente, in denen ihr nicht von Angst beherrscht werdet, immer mehr werden, verändert ihr die Frequenz.**

Auch das ist bereits geschehen, müsst ihr wissen. Ebenso wie eure früheren Inkarnationen, also eure früheren Leben im Jetzt existieren, so verhält es sich auch mit euren ›Zukünften‹, nicht wahr?

Wir verstehen, dass es euch ziemlich schwer fällt, das in den Kopf zu bekommen und diese Idee intellektuell zu begreifen, dass eure Vergangenheiten und Zukünfte jetzt existieren. Aber genau das ist der Fall. So ist es.

Und ja, so ist es bei euch. **Genauso wie ihr als Lichtwesen in diesem Jetzt existiert, existiert ein Teil oder Fragment eurer Seelenessenz in all euren Vergangenheiten und all euren Zukünften und all euren Existenzen jenseits dieser Wirklichkeitsebene, ja sogar jenseits der Körperlichkeit. All das existiert im ewigen Jetzt.**

F: *In der Vergangenheit hätte ich es mir wohl so vorgestellt, dass diese ganzen unterschiedlichen Zeitrahmen oder Dimensionen wie unterschiedliche Räume in einem Haus sind. Und dass ich mich um der Erfahrung willen in einen bestimmten Raum der dritten Dimension inkarniert habe, der bestimmte Lernerfahrungen durch Emotionen etc. beinhaltet. Und dass dann, wenn ich von hier fortgehe, immer noch die Möglichkeit bestünde, mich dafür zu entscheiden, in diese bestimmte Zeit zurückzukommen, um noch einmal diese Art von Lektionen zu durchlaufen. Oder auch nicht.*

Aber nach dem zu urteilen, was du da sagst, stellt sich diese Frage quasi gar nicht, da es im Grunde eben nicht so funktioniert, oder?

P'taah: Nein, nicht wirklich. Du könntest sagen, dass du in jedem Jetzt alle Räume im Haus bewohnst.

F: *Ok.*

P'taah: Und alle Räume im Haus führen dich zu unterschiedlichen Erfahrungen.

F: *Es gibt also kein Zurückgehen in dem Sinne, dass wir zu dieser Dimension zurückkehren oder weiterreisen zu einer anderen.*

P'taah: Nein.

F: *Wir haben es mit einem sich erweiternden Bewusstsein zu tun, das all die verschiedenen Erfahrungen unterschiedlichster Art, Gestalt und Form in sich aufnimmt und sich einfach fortwährend ausdehnt. Und man kann es nicht auf einen Ort und eine Zeit festnageln.*

P'taah: Das ist richtig. Doch wie schon an anderer Stelle gesagt: **Je mehr ihr nach einer Definition verlangt, desto mehr handelt ihr euch damit eine Einschränkung ein.**

Es würde euch weiterbringen, wenn ihr die Idee erfassen könnt, dass ihr jetzt in all euren Vergangenheiten und all euren zukünftigen Leben existiert, und dass es sich damit wie mit den ganzen Räumen im Haus verhält. Dabei existiert ihr auf Ebenen der Realität jenseits der physischen und jenseits dieses Planeten. Und das alles im Jetzt.

Es ist wie ein Spiel, dazustehen und das Muster im Teppich zu betrachten. Mit etwas Abstand erkennt ihr es. Ihr könnt dann hinunter sehen, das Muster erblicken und erkennen wie fantastisch es ist. Die Farben und das Gewebe sind von solcher Schönheit. Alles gehört zu dem Teppich. Und dann gibt es da noch so etwas wie einen Unterteppich.

F: *Mir ist vielleicht gerade etwas klar geworden. Ist es so, dass sich meine Erfahrung in diesem Leben auf mein gesamtes Wesen in gleicher Weise auswirkt, wie sich mein Denken auch auf die ganze Menschheit auswirkt, da ich ja Teil des menschlichen Bewusstseins bin?*

P'taah: Ja.

F: *Findet all das, worüber wir hier reden, denn irgendwann ein Ende oder geht es für immer weiter?*

P'taah: Geliebte, es gibt kein Ende. Auf eine gewisse Art und Weise ist es ewig.

F: *Wow!*

P'taah: Aber eurer Fokus nicht. Euer Fokus wechselt.

Dies gilt auf gleiche Weise mit der Idee grenzenloser Galaxien. Überall dort, wo immer du hinreist, ist immer noch mehr. Wo du auch hinkommst, gibt es noch weitere Planeten, weitere Gestirne, und mit euch ist es quasi nicht anders.

F: *Und, um noch einmal auf meine Frage zum Bewusstsein zurückzukommen, erfährt das Bewusstsein das alles auf irgendeiner Ebene?*

P'taah: Ja.

F: *Da fehlt mir ein großes Stück in meinem Verständnis. Ich höre dich ›Ja‹ sagen, aber klar ist mir das noch nicht.*

P'taah: Wir würden sagen, wenn wir vom einheitlichen Bewusstseinsfeld sprechen, sprechen wir von einem Ort unbegrenzten Seins.

F: *Okay, und wir sind ein Ausdruck dieses Seins?*

P'taah: Ja.

F: *An dem Punkt gibt es eine Frage, die interessant ist, und zwar: »Sind alle Seelen gleich alt?«*

P'taah: Ja.

F: *Ja, denn nach deinen Worten zu schließen, sind wir ja alle gleich!*

P'taah: Ja, genau.

F: *Wir sind also alle ewig?*

P'taah: Ja, und wir sind alle eins.

F: *Und wir sind alle verbunden.*

P'taah: Ja, denn wir sind ja alle eins, nicht wahr?

F: *Es ist, als seien wir Teil eines Größeren, das Teil eines Größeren ist, das wiederum Teil eines Größeren ist.*

P'taah: Ja.

F: *Und immer so weiter. Und wir können das in Erfahrung bringen, wenn wir innerlich einen Schritt weiter gehen, um das umfassendere Bild zu sehen.*

P'taah: Ja.

F: *Darüber muss ich erst einmal eine Weile nachdenken, P'taah. (Lacht) Das wird meine Meditation für die nächsten dreißig Jahre oder so!*

P'taah: Du siehst, es geht um das Zusammentragen der Weisheit, nicht wahr, Geliebte?

F: *Das finde ich jetzt richtig aufregend. Ich denke, ich habe hier eine Sekunde lang etwas begriffen! (Lacht)*

F: *Oh, P'taah, wir lieben dich! Danke.*

P'taah: Ah, meine Liebe zu euch ist groß! Sehr aufregend, meine Lieben, nicht wahr?

F: *Ja!*

Dritte Übermittlung

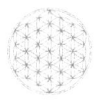

Wahlmöglichkeiten und vielfache Ausdrucksformen

P'taah: Meine Lieben, seid gegrüßt. Wohl denn, lasst uns beginnen.

F: *P'taah, guten Morgen. Meine Frage bezieht sich auf gleichzeitige Leben und wie sie mit unserer innerlichen Ansammlung von Persönlichkeitsaspekten zusammenhängen, die unser alltägliches Erleben und unsere Einstellungen beherrschen. Das Höhere Selbst und seine diversen Aspekte scheinen die Zusammensetzung der Überseele und ihrer unterschiedlichen Persönlichkeiten abzubilden. Ich würde von dir nun gerne etwas zur Beziehung zwischen unseren anderen ›Selbsten‹ und unseren Persönlichkeitsaspekten hören. Entwickeln sich diese Aspekte dann mit ihrem Höheren Selbst als Überseele weiter zu anderen Persönlichkeiten?*

P'taah: Nun, auf eine gewisse Weise könntest du das sagen. Lasst uns diese unterschiedlichen Manifestationen der Überseele betrachten. Denn es gibt nicht nur verschiedene, wir würden sogar sagen zahlreiche Inkarnationen, die ein vollständiger Ausdruck der Überseele sind. Sie sind dazu da, um verschiedene Zeithorizonte, verschiedene Bewusstseinsfrequenzen im Zeitverlauf, verschiedene Rassen, verschiedene Geschlechter natürlich und verschiedene Beziehungen etc. zu erfahren. Das ist nicht der einzige Ausdruck der Überseele, sondern es gibt auch die wechselnden ›Ichs‹, die ihr während eines Lebens manifestiert. Das geschieht an Punkten, wo ihr die Wahl habt, wo ihr Entscheidungen trefft, die euch auf den einen oder anderen Pfad bringen. Dazu gehört beispielsweise, ob ihr heiratet, ob ihr Kinder bekommt, ob ihr von einem bestimmten Ort wegzieht, von einem Dorf oder einer Stadt in ein anderes Dorf oder eine andere Stadt oder sogar in ein anderes Land. Ihr entscheidet euch dann für diesen oder jenen Weg.

Und mit jeder Entscheidung für einen anderen Weg erschafft ihr einen weiteren Aspekt des ›Selbst‹, und das ist auf eine gewisse Weise eine Erkundung eurer Persönlichkeitszüge, so dass ihr, aus der Warte der Überseele betrachtet, vielfache Ausdrucksfor-

men gleichzeitig habt. Und dabei geht es wirklich lediglich um die Erfahrung für die Überseele. Sie findet es, würden wir sagen, unglaublich freudvoll, diese intensiven emotionalen Erfahrungen zu machen, die ihr das Leben nennt oder als Situationen bezeichnet, die ihr durch eure Lebensentscheidungen erschafft.

So habt ihr als Überseele die Gelegenheit, alle Facetten des Persönlichkeits-Ichs zu erfahren, aber natürlich auch die tiefe Bewegung der Expansion ins Wissen, in das Erkennen eures eigenen Potenzials, in eure eigene Göttlichkeit – auf eine gewisse Weise in euer eigenes Angeschlossensein an die höchste Quelle. Wobei ihr wirklich sagen könnt, dass das ein ziemliches Wunder ist, wenn man bedenkt, dass ihr in dieser Art von Getrenntheit seid, die die Körperlichkeit und euer Menschsein für euch erschaffen. Ihr seid in diesem Gefühl des Getrenntseins und des Abgeschnittenseins von eurer eigenen Ganzheit, eurem eigenen Zuhause sozusagen. Die meisten von euch erfahren das und es erzeugt bei vielen eine Menge Qual.

Wenn ihr also diese Idee von der erstaunlichen Kreativität der Überseele in jeder Situation begreift, verhilft euch das sogar zum Angeschlossensein. **Und die Wahrheit lautet natürlich, dass ihr nie nicht-verbunden seid. Es ist einfach nur so, dass viele eurer Entscheidungen und viele eurer Ängste euch davon abschneiden, euch Zuhause zu fühlen oder ein Gefühl der Ganzheit und Erfüllung zu erleben.**

Beantwortet das deine Frage, meine Liebe?

F: *Tut es. Es vermittelt mir eine Menge Erkenntnisse. Ich meine, ich verstehe die Vielfalt der Multidimensionalität, mit der wir es zu tun haben. Und ja, das beantwortet wirklich die Frage, die darin steckt. Ich habe aber noch eine andere Frage.*

P'taah: Einen Moment, Geliebte. Wir möchten dazu noch etwas sagen. Die Multidimensionalität ist wieder eine ganz andere Facette, obwohl natürlich jedes Leben gewissermaßen seine eigene dimensionale Realität ist. Dann habt ihr auch noch all die Dimensionen jenseits der Körperlichkeit, und sehr oft spürt ihr diese Verbindung zu dem, was jenseits des Körperlichen ist, vor allem in eurem Traumzustand. Wenn du dir diesen außerordentlichen Reichtum an Erfahrung vorstellen kannst, kannst du wirklich vor deiner eigenen Schöpferkraft in Ehrfurcht versinken.

So, bitte, stelle deine nächste Frage.

Heilung durch Ho'oponopono

F: *Meine Frage bezieht sich darauf, andere durch seine eigene innere Arbeit zu heilen. Zum Beispiel gab es einen Mann in Hawaii[1], der eine ganze Station schizophrener Patienten heilte, und zwar nur durch seine eigene innere Arbeit an sich und ohne irgendeine Kommunikation zwischen ihm selbst und seinen Patienten. Wenn wir das entlang der Zeitlinie zur Heilung unserer Vorfahren, unserer familiären Ahnenreihe bewerkstelligen können, wie würde sich das auf die anderen Beteiligten auswirken?*

P'taah: Nun, auswirken würde es sich natürlich allemal, denn es gibt nichts an irgendjemandem von euch, das von irgendetwas anderem getrennt wäre. Also besteht diese Möglichkeit natürlich.

Weißt du, Geliebte, bei all dem geht es einfach nur darum, zu wissen, dass du es könntest. Und das ist nicht einmal eine Frage des Glaubens oder des Verstehens. Vielmehr kommt dieses Wissen aus dem entferntesten und tiefsten Teil eures Seins. Genauso wie ihr wisst, dass morgens die Sonne aufgeht. Ihr glaubt es nicht. Ihr macht euch nicht einmal Gedanken darüber. Es ist einfach so. Und auf eine gewisse Weise könntet ihr sagen, dass auch diese Art von Heilung so stattfindet.

Auf der anderen Seite gilt es anzuerkennen, dass jeder von euch sein uneingeschränktes Recht auf seine eigenen Erfahrungen hat. Dies gilt natürlich auch für alle anderen, unabhängig davon, ob es um ein Unwohlsein oder eine Erkrankung im körperlichen, im geistigen oder im emotionalen Sinne geht.

Jeder hat ein Recht auf seine eigene Erfahrung und niemand sonst hat das Recht, diese zu ändern oder zu transformieren. Wo dies jedoch mit einem inneren Verlangen nach Transformation und Veränderung einhergeht, ist es in der Tat ein höchst staunenswertes Gemeinschaftswerk.

Natürlich gibt es auch noch den Aspekt, dass ihr dann, wenn bestimmte Themen nicht angegangen werden, ihr bestimmte Situationen immer wieder von neuem erschafft, was zu noch mehr Leiden führt. So haltet ihr auf eine gewisse Weise jeweils eure eigene Seinsqualität in eurem energetischen Feld aufrecht.

---

1 Gemeint sind Dr. Hew Len und das von ihm angewandte Ho'oponopono-Vergebungsritual. Literaturhinweis: Joe Vitale, Hew Len: »Zero Limits«, Wiley Verlag, 2016.

Dort jedoch, wo ihr zugänglich seid für Unterstützung, für Nährendes und für Heilung, werdet ihr es in der Tat gemeinsam erschaffen bzw. co-kreieren. Hast du weitere Fragen hierzu?
F: *Nein, das ist sehr klar, P'taah. Vielen Dank.*

Es gibt kein ›Du solltest ...‹

F: *Hallo, P'taah, ich wollte dir einfach nur danken für all die Geschenke im Laufe der Jahre.*
P'taah: Es ist mir eine Freude, meine Liebe.
F: *Ich habe immer gedacht, ich hätte eine Art höherer Bestimmung im Leben und es gäbe da etwas für mich zu erreichen, das darin bestünde, andere an meiner Erfahrung und meinem spirituellen Weg teilhaben zu lassen. Und auch darin, mich als bildende Künstlerin weiterzuentwickeln.*

Aber es ist einfach so, dass mir das alles nicht mehr wirklich etwas bedeutet, was es für mich einmal bedeutet hat. Ich zeichne immer noch ein bisschen, und das Tagebuchschreiben ist sehr heilend für mich, aber es scheint dabei nur um meine eigene Erfahrung zu gehen. Ich habe das Gefühl, ich sollte irgendetwas im Äußeren tun, um der Welt als Ganzes zu helfen, aber ich weiß an diesem Punkt nicht, was. Ich habe viele Widerstände.

P'taah: Also gut. Weißt du, das was jedem von euch in eurer Welt am meisten hilft, besteht darin, eurem Herzen zu folgen und alles zu sein, was ihr nur irgend sein könnt. Wenn du alles bist, was du auch nur im Entferntesten sein kannst, dann wird sich das Tun in der Tat oft auf Neues ausdehnen. Mit anderen Worten, du findest Dinge, die du tun kannst, um diesem inneren Seinszustand Ausdruck zu verleihen.

Wir sagen dir, dass wenn du dich zu einer Art von Tätigkeit hingezogen fühlst, mit der du anderen hilfst, dient es in der Tat deinem höchsten Wohl, dich dem zu widmen. Viele von euch denken, sie sollten tatsächlich nach draußen gehen und etwas tun, obwohl es oftmals einen Widerstand dagegen geben mag. Und was wir hierzu sagen ist: **Bitte habe nicht das Gefühl, du ›solltest eigentlich‹ etwas tun. Es gibt kein ›Solltest‹ daran.** Das hier ist deine Erfahrung. Es geht darum, wie du am besten zum Ausdruck bringst, wer du bist, unabhängig davon, ob dabei andere Menschen im Spiel sind oder nicht. In Wahrheit sieht es so aus, dass auf der tiefsten Ebene nichts von dem, was du tust, nichts von dem, was du denkst, nichts, was du bist, getrennt von irgendjemandem sonst existiert.

Das Einzige, was wir dir dazu noch sagen würden ist: »Sei aufmerksam!« Achte aufmerksam auf das, was du empfindest und darauf, wie dein Tun dieses Gefühl am besten ausdrückt. Ohne irgendeinen Druck, wie es sein sollte, denn es gibt kein ›Sollte‹.

F: *Ich habe das Gefühl, dass sich meine Widerstände in diversen Problemen mit dem Gedächtnis, in extremem Appetit, Lethargie, Hautallergien und auch einer Neigung zu Schwindel niederschlagen. Und ich habe mich gefragt, ob du dazu irgendetwas sagen könntest?*

P'taah: Sehr oft führt diese Manifestation von Widerstand zu einem Suchtverhalten, wie wir sagen würden, oder zu irgendetwas, was dich davon abhält, zu fühlen, weil du meinst, dass das Fühlen zu heftig für dich wäre.

Nun, hierbei geht es wirklich darum, aufmerksam zu sein und zu verstehen, dass du es jedes Mal, wenn du Widerstand verspürst, mit einer Gelegenheit zu einer Veränderung zu tun hast. Und du weißt, dass da in dir dieses inständige Verlangen nach Veränderung ist, danach auch hier wieder dein eigenes Potenzial zu erfüllen.

Das Einzige, was wir hier also sagen würden, ist, dass du **die Schritte zur Transformation von Angst kennst: Verantwortung übernehmen, es im Jetzt tun, dabei die Gefühle zulassen und sie bejahend in die Arme schließen.**

Und diese vier Schritte, die letztlich die Vier Schritte des bejahenden Umarmens sind, stehen dir zur Verfügung, wenn der Widerstand aufsteigt. Denn bei dem Widerstand geht es um die Angst. Und in diesem Moment weißt du, dass das deine Chance ist, in diesem Jetzt den Widerstand zu fühlen.

Wenn du nicht aufpasst, kann es leicht passieren, dass du wieder in deine alten Gewohnheiten und deine alten Muster rutschst. Aber du bist stärker als irgendetwas davon. Das ist die Wahrheit, und du weißt es.

Während du also deinem Alltag nachgehst und merkst, wie du eine Entscheidung nach dem alten Muster triffst, kannst du dir in diesem Moment, aus einem Jetzt heraus »Stopp!« sagen. Dann sei still, atme und erlaube dir, zu fühlen, was jenseits davon ist, was darunter ist, unter diesem Muster von Tun oder Nicht-Tun. Kannst du hiermit etwas anfangen?

F: *Das kann ich, vielen Dank.*

P'taah: (Sanft) Es ist nur ein wenig Angst, Liebe.

F: *(Lacht)*

P'taah: Es ist nichts, wirklich. Du weißt, die Angst ist nicht dein Feind. Wir sagen dir das ganz eindringlich. Die Angst ist nicht dein Feind! Sie ist nur dieser kleine Anteil von dir, der die Wahrheit in Bezug auf deine Macht vergessen hat. Sie hat vergessen, dass du ganz und unversehrt bist. Dieser kleine Anteil hat den Weg nach Hause verloren. Das ist alles. Mehr ist Angst nicht.

F: *Danke.*

Fülle und die Einstellung zum Geld

F: *Hallo, P'taah.*

P'taah: Geliebte, wahrlich, sei gegrüßt.

F: *Schön, mit dir zu reden. Das waren gerade schon gute Fragen, und ich denke, meine Frage hängt mit beiden auf eine gewisse Weise zusammen. Ich habe in den letzten Monaten viele Ängste umarmt, und die Transformation fühlt sich wunderbar an! Danke dafür. Das kleine Kind in den Arm zu nehmen funktioniert wirklich.*

Jetzt bin ich wirklich oft im jeweiligen Moment, und ich liebe das Gefühl, wie alles fließt, wenn ich im Moment bin. Aber meine Frage bezieht sich darauf, warum es mir mitunter so vorkommt, als würde ich nicht das Leben führen, nach dem es mich wirklich verlangt.

Ich habe das Gefühl, ich lebe ein Leben, das getrennt ist von dem, das ich mir wünsche und das vielleicht ein anderer Teil von mir lebt. Es ist ein ganz merkwürdiges Gefühl, das ich da habe. Ich fühle mich manchmal schon sehr abgespalten davon.

P'taah: Gut. Während du also deinem Alltag nachgehst, oder wenn du deine Aktivitäten einstellst und vielleicht einem kleinen Tagtraum nachhängst, was malst du dir in deiner Fantasie dann für dich aus? Welche Art von Szenario stellst du dir für dich vor?

F: *Na ja, ich stelle mir vor, dass meine Bücher veröffentlicht werden und dass ich finanziell die Fülle habe, um alles zu tun. Mir kommt es so vor, als würde ich dieses Gefühl der Fülle jetzt schon ziemlich viele Jahre in mir kultivieren und noch immer ist es nicht eingetreten. Ich meine, andere Entscheidungen, die ich getroffen habe, um mehr in meiner Kraft zu sein, haben schon ihre Wirkung gezeigt. Aber es ist meine größte Angst, dass ich nicht das Leben führen werde, nach dem es mich wirklich verlangt.*

P'taah: Also gut, meine Liebe. Betrachten wir nun doch einmal diese Vorstellung, wie das wäre, wenn deine Bücher veröffentlicht und bekannt würden. Was würde sich dadurch in deinem Leben ändern?

Nun, wir wollen nicht, dass du dies jetzt sofort beantwortest, aber denke einmal darüber nach. Und was die Fülle angeht, so verbindest du die Vorstellung, dass deine Bücher veröffentlicht werden damit, dass dir dadurch die Fülle winkt.

Nun, sprechen wir hier nicht eigentlich über Geld? Wenn ihr nämlich von Geld sprecht, bitten wir euch alle, es frei heraus auch Geld zu nennen. Was hier geschieht, ist, dass ihr das Wort ›Fülle‹ benutzt aber Geld quasi in eine andere Schublade einordnet.

Die Wahrheit lautet, dass ihr absolute Fülle seid. Ihr seid solche Fülle, dass wir sagen würden, jeder Tag eures Lebens dürfte in weiten Teilen davon erfüllt sein, zu danken für die Fülle, die ihr seid, die Reichtümer und die Reichhaltigkeit eures Lebens. Und wenn es nicht voller Reichtümer ist, dann hat das nichts mit Geld zu tun.

Und was Geld anbelangt, würden wir euch alle bitten, euch eure Vorstellungen von Geld anzuschauen und zu untersuchen, wie ihr euch von ihm getrennt haltet. Von der Idee her unterscheidet sich Geld – die Frequenz, das Bewusstsein von Geld – nicht wirklich von der Energie von allem, was ihr sonst in eurem Leben erschafft. Wichtig ist dabei jedoch, dass ihr seht, dass es eure Vorstellungen darüber sind, die euch davon fern halten.

Geld existiert sozusagen als energetische Frequenz. Und wie alles andere auf eurer Welt existiert es zunächst einmal einfach als Energie. Es ist ein Ideenkonstrukt, aber es ist Energie. Und die Energie ist die des einheitlichen Bewusstseinsfelds, das keinen Mangel kennt.

Kannst du dir vorstellen, dass du in Wirklichkeit ein Bankkonto beim einheitlichen Feld des Bewusstseins unterhältst, dem alles grenzenlos zufließt? Alles was du zu tun hast, ist, darauf vorbereitet zu sein, es anzunehmen und zu wissen, dass es dir immer zur Verfügung steht.

Wenn du jedoch an etwas bestimmtes in deinem Leben denkst und dann so etwas sagst wie: »Ich würde ja gerne dieses und jenes machen, aber ich habe kein Geld«, machst du es dir in dem Augenblick, wo du das ›aber‹ und ›kein Geld‹ gesagt hast, unmöglich, das zu tun, wonach du dich sehnst.

Wir bitten euch also, sehr bewusst darauf zu achten, dass ihr euch nicht zu sehr mit dem Geld identifiziert und euch dadurch nicht begrenzt.

Wenn du Mittel von der ›Universellen Bank Unendlicher Fülle‹ beziehst, steht dir alles, wonach es dich verlangt, zur Verfügung. Dann kannst du einen ersten Schritt vorwärts machen, hin zu einem Leben das du führen willst, und ohne die Einschränkung, das Gewünschte nicht zu bekommen. **Wenn du dich auf das konzentrierst, was du willst, statt auf die Gründe, warum du es nicht bekommen solltest, kannst du das Leben führen, das du willst.**

Kannst du hiermit etwas anfangen?

F: *Ja, kann ich. Das ist eine großartige Möglichkeit, das so zu empfinden. Ja, das ist großartig.*

P'taah: Viele von euch haben eine schambesetzte Vorstellung von Geld. Das liegt an eurer Erziehung. Ihr habt das Gefühl, Geld sei nicht spirituell. Dass zu viel Geld schlimme Folgen hätte oder dass ihr es nicht verdient hättet. Dass es da draußen Menschen gäbe, die welches haben, ihr aber nicht. Dass es schon immer so gewesen sei, und die Reichen reicher und die Armen ärmer würden. Mit diesem Denken erschafft ihr euch eure Realität. Verstehst du?

F: *Ja.*

P'taah: Das alles ist aber ein Irrglaube. Nichts davon ist wahr, müsst ihr wissen. Geld macht nicht korrupt. Geld ist das Medium, über das Menschen sehr oft ihre eigenen Ängste ausdrücken, wenn du so willst. Wenn du dir jedoch ansiehst, wer du bist und wie du bist und wonach es dich verlangt, so hat vieles von dem, was du dir wünschst, gar nichts mit Geld zu tun. Und Geld ist immer eine sehr gute Ausrede dafür, etwas nicht zu tun.

Wenn du etwas wirklich willst, konzentriere dich ernsthaft darauf und führe dein Leben in dem Wissen, dass das, was du willst, eintreten wird. Sei dir dessen bewusst, dass du gerade dabei bist, es zu erschaffen. Es existiert sogar bereits, du hast es nur noch nicht zum Vorschein gebracht. Doch es wird zum Vorschein kommen, wenn die Zeit dafür reif ist. Wenn Du all dies tust, hat sich deine Einstellung tiefgreifend verändert. Und das Bewusstsein, die Energie und die Frequenz um dich herum haben sich dadurch ebenfalls völlig verändert. Siehst du das?

F: *Ja. Ich habe Momente erlebt, in denen ich dieses Gefühl hatte.*

P'taah: Ja, das hast du. Wenn du davon sprichst, wie wundervoll es ist, im Fluss des Jetzt zu sein, dann geht es genau darum, siehst du?

F: *Okay, ja.*

P'taah: Wenn du im Fluss bist und dich von seiner Magie ergreifen lässt, wo herrscht dann Mangel? Da ist keiner. Wie auch? **Weil Mangel nur ein anderes Wort für Angst ist.** Für die Angst, mittellos dazustehen.

F: Das könnte dann also mein Gefühl erklären, manchmal irgendwie dissoziiert zu sein?

P'taah: Ja, denn wenn du dissoziiert bist, was bist du dann? Du bist abgeschnitten.

F: Ja, das hilft mir wirklich, das zu sehen. Danke dir.

P'taah: Geliebte, werde still und atme. Du kennst das ja, oder?

F: Ja, das tue ich. Ich muss es einfach nur öfters machen, denke ich.

P'taah: Nun, wir sind sehr erfreut darüber, dass wir dich ab und an erinnern können.

Dich zu lieben bedeutet, das Kind in dir zu lieben

F: Hallo, P'taah. Es ist so großartig, mit dir zusammen zu sein, und ich liebe dich sehr.

P'taah: In der Tat, meine Liebe, dito, dito!

F: Ich habe mir überlegt, wozu ich dich befragen würde und ich möchte dabei auch über die Geschichten meines eigenen Lebens hinausgehen. Ich weiß, dass es bei diesem Übergang um Transformation geht und dass Transformation auf Liebe hinausläuft. Nun denke ich, dass das, was ich gerade erlebe, sowohl die Energien der Liebe als auch die der Angst sind, die gerade an die Oberfläche treten.

Mir wird jetzt klar, dass die Angst nicht mein Feind ist, sondern dass die Angst mein süßes kleines Mädchen ist, das sagt: »Du hast mir versprochen, dass du mir zuhörst. Und ich muss mit dir über etwas reden.«

So nehme ich sie jetzt einfach in den Arm und manchmal zittern mir die Knie dabei, weil es mir entsetzliche Angst macht, was sie mir zu sagen hat. Doch allein schon die Tatsache, dass ich sie tatsächlich mitnehme auf diese Reise, ist eine Riesensache für mich gewesen, P'taah. Kannst du bitte etwas näher darauf eingehen, wann für uns Zeit gekommen ist, zu der wir glauben dürfen, dass wir bereit sind, unser kleines Baby auf diese Reise voller Freude und Wunder mitzunehmen?

P'taah: Weißt du, meine Liebe, dann, wenn ihr versteht, dass es in Wahrheit keine Trennung gibt, und dass ihr nicht hier wäret, wenn es nicht so gedacht wäre. Wenn ihr alle zu dem Punkt kommt, an dem ihr den unglaublich freudigen Impuls erkennt, der von euren emotionalen Schöpfungen ausgeht. Denn genau darum handelt es sich. Ihr schwimmt in einem Meer von Emotionen. Sie sind die Luft, die ihr atmet.

Ihr seid ein Teil eines wunderbaren multiversalen Musters. Jeder von euch mit diesem außergewöhnlichen Potenzial an Liebe, Freude und Verspieltheit ist so kreativ und so erstaunlich! Euch anzusehen und eure Möglichkeiten zu sehen, ist eine außergewöhnliche Freude.

Das Einzige, was ihr braucht, um das zu spüren, ist, auf euer Herz zu hören. Und dieser kleine verängstigte Teil von euch, nämlich dieses kleine Kind in jedem von euch, das die Wahrheit vergessen hat und meint, getrennt zu sein, das sich unwürdig und allein fühlt – selbst dieses kleine Kind ist Teil des Ganzen. Alles davon, wirklich alles davon, was ihr euch vorstellen könnt, ist genau dort, wo es sein soll. Und wenn ihr euch die Möglichkeiten und die Wahrscheinlichkeiten anschaut, so ist auch das so perfekt, wie es auch sein mag.

Niemand von euch kann hier etwas falsch machen. Das ist die Wahrheit bei dem Ganzen. Es gibt keine falschen Entscheidungen. Manchmal vergesst ihr jedoch, dieses Kleinkind in den Arm zu nehmen. Ihr wisst, dass ihr euch dann in das Drama verstrickt, und dann vergesst ihr, innezuhalten, zu atmen und zuzulassen. Ihr vergesst, auf das Kind zu hören.

Doch ihr müsst wissen, falls ihr heute eine Gelegenheit verpasst, erschafft ihr euch morgen eine andere. Und dann könnt ihr, bei allem was gerade geschieht, innehalten und atmen und euch sagen: »Es **ist immer perfekt**«.

F: *Danke, P'taah.*

P'taah: Wisst ihr, Liebe ist die einzige Frage und Liebe ist die einzige Antwort.

F: *Das ist so wahr. Immer, wenn ich im Dunkeln tappe, frage ich mich: »Was würde die Liebe tun?« Und dann fällt es mir sofort ein.*

P'taah: Ja, und was die Liebe tun würde, ist natürlich freundlich zu der zu sein, die du bist, nicht wahr?

F: *P'taah, ich beginne zum ersten Mal in meinem Leben wirklich freundlich zu mir selbst zu sein. Und das liegt daran, dass ich mir ein Bild von meinem kleinen Mädchen anschaue und denke: »Wie könnte ich auch nur im Traum auf die Idee kommen, anders als liebevoll mit ihr umzugehen?«*

P'taah: Ganz genau.

F: *Und als mein Mann etwas tat, von dem ich meinte, ich müsste darauf wütend sein, ging er hin und holte sein Babyalbum und zeigte mir ein Bild von sich als ganz kleinem Jungen, und ich dachte mir: »Wie konnte ich nur wütend auf ihn sein?«*

Draufhin habe ich an alle anderen in meinem Leben gedacht und mir das kleine Kind in ihnen vorgestellt, statt sie als Erwachsene zu sehen. Sofort hatte ich Mitgefühl für sie.

P'taah: Und wenn du deine ganze Welt mit diesen Augen betrachten würdest, was meinst du wie das wäre?

F: *Oh, einfach nur eine Welt voller Güte und Mitgefühl.*

P'taah: Ja.

F: *Schon immer habe ich Menschen geliebt, mein Leben lang. Das Lieben ist etwas, worin ich wirklich gut bin. Und auch darin, die Schönheit zu sehen. Aber zum ersten Mal in meinem Leben richte ich diese Liebe tatsächlich auf mich selbst, und es fühlt sich ein wenig seltsam an, aber auch ein wenig aufregend. Und manchmal sage ich mir: »Na ja, ich weiß nicht, ob ich so viel Liebe verdient habe.« Meine Liebe ist so fantastisch und ich beginne, diese Liebe zu mir selbst immer mehr zuzulassen.*

P'taah: Nun, Geliebte, wenn du dich selbst nicht lieben würdest, wie sollten es dann andere tun?

F: *Tja.*

P'taah: Wie würdest du wissen, dass ein anderer dich liebt, wenn du nicht die lieben kannst, die du bist? Wie kannst du erkennen, dass andere würdig sind, wenn du es bei dir selbst nicht erkennst?

F: *Ich denke, mein Mann hat mich über eine so lange Zeit hinweg so sehr geliebt, wie ich Liebe nie zuvor gefühlt habe. Es ist eine wahre, tiefe, reine Liebe. Und ich habe mir immer gesagt: »Wenn ich mich so lieben kann, wie er mich liebt, dann kann ich mich auf etwas gefasst machen.« Aber selbst da übernahm ich keine Verantwortung. Ich schob es auf seine Liebe zu mir, weißt du, statt zu sagen: »Ich liebe mich!«*

P'taah: Sehr gut.

F: *Ich lasse dieses kleine Mädchen aus der Kälte herein und woran ich dabei denke, ist: »Wenn wir die Angst umarmen, ist es für uns auch okay, die Vorstellung anzunehmen, dass wir Spiel, Freude und Albernheit verdienen!«*

P'taah: Genau.

F: *P'taah, du hast davon gesprochen, wie du uns alle so beobachtest, und ich kann mir nicht einmal vorstellen was du dabei siehst, aber ich würde es gerne fragen. Wie sieht es für dich jetzt gerade aus, wenn sowohl die Energie der Liebe als auch die der Angst an die Oberfläche steigen und für uns alle in* *den Vordergrund treten? Wenn du mitbekommst, wie wir alle mit etwas von dieser Angst kämpfen, mit etwas von dem Widerstand, den wir verspüren, und dabei gleichzeitig in die Liebe und zum Wissen um unsere wahre Natur gelangen. Wie sieht das aus, P'taah?*

P'taah: Meine Liebe, es ist unbeschreiblich. Mit Worten können wir es dir nicht einmal ansatzweise beschreiben. Das Einzige, was wir euch dazu sagen können, ist, dass der Grund, warum wir zu euch gekommen sind, der ist, dass wir euch lieben und dass ihr uns angerufen habt. Wir sind euer Werk, und was ihr in diese Co-Kreation einbringt, ist so außergewöhnlich, dass wir uns nicht von euch abwenden könnten.

F: *Ich beginne überall mehr und mehr Menschen anders wahrzunehmen, und nicht nur Menschen, sondern auch Tiere, Bäume und die Wolken. Dabei sehe ich immer mehr das Licht Gottes in allem. Mein Blick fällt z.B. auf den Fahrer eines Sportwagens, und ich sehe die absolute Schönheit in all dem, in all den Ausdrucksformen, unabhängig davon ob diese Person vielleicht mürrisch oder voller Angst ist. Ich sehe dabei das Ureigene an der Reise eines jeden Individuums und kann sie ihm zugestehen, und das ist so befreiend für mich wie noch nie zuvor etwas war!*

P'taah: Ja.

F: *P'taah, danke dir. Ich liebe dich so sehr und danke für die Liebe, die ich von dir und vom Universum empfange.*

P'taah: Meine Liebe, es ist immer wieder solch eine Freude, mit dir zu sprechen.

Dein Atmen bringt dich ins Jetzt zurück

P'taah: So, gibt es weitere Fragen?

F: *Danke dir. Wir haben über die Dissoziation gesprochen und darüber, sich getrennt zu fühlen. Bin ich selbst diejenige, die dissoziiert ist oder ist das nur ein anderer Aspekt von mir, der das Gefühl hat, ein anderes Leben zu führen? Ich tue mich schwer damit, die ganze Sache zu verstehen, daher richte ich meinen Fokus einfach auf das Leben, das ich hier jetzt gerade lebe.*

P'taah: Nun, meine Liebe, dein Fokus ist so ausgesprochen fein eingestellt auf das, was wir das Paradigma dieses Lebens nennen würden.

Und du weißt, dass es auch innerhalb dieses Lebens unendliche Möglichkeiten und sogar Wahrscheinlichkeiten für dich gibt. Wenn du dir also etwas vorstellen kannst, was dich betrifft, könntest du dich fragen: »Entspricht das dem, wonach es mich verlangt? Verlangt es mich danach in meinem Leben, und wenn ja: Wie kann ich es erschaffen?« Die Antworten sind immer in dir.

Und wenn du dich getrennt fühlst, werde einfach still und atme. Atme tief, gleichmäßig und bewusst. Und wir sagen das, wie auch schon viele Male zuvor, weil der Atem gewissermaßen eine physische Reflexion ist.

Ohne zu atmen kannst du nicht existieren. Die Luft, die du atmest, ist Energie. Du bist ein Körper von Energie und Bewusstsein. Und wenn du still bist und bewusst atmest, verbindest du dich dabei auf der Bewusstseinsebene wieder mit deiner eigenen Gotthaftigkeit, deiner eigenen Überseele, wo du dir erlauben kannst, in diesem Zustand vollkommener Verbundenheit zu sein. Und du kannst es fühlen. Es ist eine Stille. Du kannst es fühlen, wenn du einfach nur innehältst und atmest. An diesem Ort befindet sich jede Antwort für dich.

F: *Ja.*

P'taah: Und was auch immer du dir für dich wünschst, meine Liebe, das kannst du erschaffen. Sofern es das ist, was du auch wirklich willst.

F: *Richtig. Ich habe das Gefühl als würde ich das glauben und wissen. Aber gelegentlich habe ich einfach das Gefühl, ich würde es nie schaffen.*

P'taah: Gut.

F: *Also geht es einfach darum, im Moment zu sein, zu atmen und sich zu verbinden?*

P'taah: Ja. Und frage dich: »Wie fühlt es sich gerade an, in diesem Jetzt? Und was wünsche ich mir in diesem Jetzt, das ich gerade nicht habe? Fehlt mir etwas in diesem Jetzt?«

F: *Ja, ich denke, das ist wichtig, denn wenn ich im Augenblick verweile, fühle ich mich ...*

P'taah: Vollständig.

F: *Ich fühle mich selbst.*

P'taah: Du fühlst dich ganz und vollständig. Denn wenn du wirklich im Jetzt bist, wie kann es dir da an etwas mangeln?

F: *Ja genau. Du beschreibst das perfekt. Das ist im Moment mein Gefühl. Wenn ich mich also nicht ganz fühle, bin ich gerade nicht im gegenwärtigen Augenblick, weil ich in Gedanken bei etwas Zukünftigem bin.*

P'taah: Genau.

F: *Okay. (Lacht)*

F (Gastgeber): *Gibt es sonst noch letzte Fragen?*

F: *Nun, ich wollte mich bei P'taah einfach für alles bedanken, was er uns gibt. Und bei all dem, worüber wir hier sprechen, insbesondere dem im Jetzt sein, versuche ich in letzter Zeit einfach in der Stille zu verweilen. Wenn es chaotisch wird oder ich anfange, rhetorische Fragen oder Sorgen in meinen Gedanken zu wälzen, einfach damit aufzuhören.*

P'taah: Genau, Geliebte, sehr gut. In der Tat, halte inne. Halte einfach inne und atme, denn das bringt dich wieder in deine Mitte. Wenn du dich in die Geschäftigkeit deines Lebens hineinziehen lässt und es beginnt, etwas chaotisch zuzugehen, kommt es, wie du dir vorstellen kannst, dazu, dass es dich aus deiner Mitte oder aus deinem Gleichgewicht bringt. Und je mehr du zulässt, dass das geschieht, desto mehr bist du abgeschnitten.

Wenn du mitten im Chaos einfach inne hältst und atmest, bringst du dich ins Jetzt zurück, zurück in die Stille. Und schon bist du wieder in deiner Mitte, bereit für deine nächste Entscheidung.

F (zweite Person): *Das genau ist der entscheidende Punkt, dass es mich dazu bringt, mich an meine Entscheidungsmöglichkeit zu erinnern. Denn in jedem Moment gilt es eine Wahl zu treffen.*

P'taah: Ja.

F: *Ob eine positive oder eine negative.*

P'taah: Genau das. Sehr gut.

F: *Ich danke dir so sehr.*

P'taah: Geliebte, es ist mir eine Freude. In der Tat.

F (Gastgeber): *Noch etwas, bevor wir uns verabschieden?*

F: *Eigentlich nur mein Dank. Es scheint, dass alle Themen so schnell abgedeckt sind und dann erübrigen sich die übrigen Fragen. (Lacht)*

P'taah: Sehr gut! Weißt du, Geliebte, das ist der wundersamste Ort, den man erreichen kann. Ein Ort, an dem es keine Fragen mehr gibt, was?

F: *(Lacht) Ja.*

P'taah: Gut, meine Lieben, wie immer ist es uns ein Vergnügen und eine solche Freude, uns mit euch hier auszutauschen. Mit euch zu plaudern, euch zu fühlen und ehrfürchtig eure unbegrenzten Möglichkeiten zu bestaunen. Und wir danken euch in der Tat für diese Gelegenheit, und mit der größten Liebe übersenden wir euch allen ein Namaste.

F: *Namaste, danke, P'taah.*

P'taah: Lebt wohl für dieses Jetzt.

Vierte Übermittlung

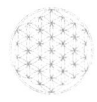

Streben nach Gerechtigkeit ohne Rachegefühle

P'taah: Guten Tag, meine Lieben.
F: *Guten Tag, P'taah.*
P'taah: Habt ihr wieder viele wundersame Fragen für uns am heutigen Tag?
F: *(Lachen) Es kommt darauf an, wie du »viele« definierst.*
P'taah: Nun, was es auch ist, wir sind sicher, es wird ein Spaß.
F: *Das wird es. Es wird perfekt sein, danke.*
P'taah: Gerne.
F: *Die Frage ist eigentlich nicht, ob es viele sind, sondern ob sie wundersam sind oder nicht. (Lachen) Aber ich möchte mindestens zwei davon stellen. Bei der einen geht es um Machtverlust bzw. gefühlten Machtverlust und bei der anderen geht es darum, Angst vor der eigenen Macht zu haben. Und eine weitere Frage, die ich mir selbst gestellt habe, dreht sich um meine eigene Macht. Damit würde ich gerne beginnen: Ich will etwas erschaffen. Noch ist es nicht geschehen aber ich träume davon. Dabei gelingt es mir, mir sozusagen diesen Traum vor Augen zu halten, ihn zu visualisieren und zu versuchen, das Entsprechende zu erschaffen. Aber wenn dann etwas bereits eingetreten ist und ich noch etwas daran ändern will, finde ich es sehr schwer etwas zu bewirken. Dann stehe ich etwas Konkreterem gegenüber und glaube nicht so recht an meine Fähigkeit, etwas rückgängig machen zu können, das schon geschehen ist. Kannst du darüber etwas sagen?*
P'taah: Nun, auf eine gewisse Weise weißt du auch, dass du nicht nur ausgehend von den bewussten, oberflächlichen Gedanken erschaffst und miterschaffst, sondern auch ausgehend von dem tiefsten Teil in dir, deinen tief sitzenden Glaubenssätzen. Du weißt, dass viele der Glaubenssätze, die du darüber in dir trägst, wer du bist und wie die Wirklichkeit beschaffen ist, so tief sitzen, dass dir nicht einmal klar ist, dass du diese Gedanken oder diese Struktur in dir trägst.

Oftmals, wenn du dich in einer Situation wiederfindest, von der du deinem Gefühl nach meinst, sie nicht erschaffen zu haben, und in der du dich entscheidest, sie nicht wirklich als tragbare Situation anzusehen, dann gehst du an den Ort der ›Ohnmacht‹, da du nicht erkennst, dass du sie auf irgendeine Weise miterschaffen hast.

Zuerst würden wir also gerne die Tatsache betonen, dass ihr ALLES miterschafft. Ausgehend von dem tiefsten Teil in euch und ganz gleich worin eure oberflächlichen Gedanken bestehen, seid ihr an der Schöpfung beteiligt. Oft erfolgt dies nach einem größer angelegten Muster gemeinsam mit anderen Menschen. Wenn bei euch zum Beispiel Situationen, wie Kriege, Massenereignisse oder Massenschöpfungen auftauchen, und ihr merkt, dass ihr vielleicht unwissentlich in etwas hineingezogen werdet, in das ihr eigentlich lieber nicht hineingezogen werden möchtet, würden wir euch in diesem Fall empfehlen, einfach die Tatsache zu akzeptieren und zu würdigen, dass ihr auch das auf irgendeine Weise miterschaffen habt.

Ihr befindet euch in der Situation, dass ihr mit Blick auf euer umfassenderes SEIN stets die Unterstützung eurer eigenen Göttinnen-/Gottschaft habt, eurer eigenen Überseele sozusagen. Und ihr seht, dass die Situation, wie auch immer sie beschaffen sein mag, ein Geschenk bereithält. Und indem ihr die Gelegenheit wahrnehmt, dieses Geschenk zu empfangen, kann auch das transformiert werden, was in Stein gemeißelt scheint.

Das Paradoxe dabei ist: So katastrophal die Umstände auch sind, sie halten immer ein Geschenk bereit. Und das Geschenk hat immer mit deiner Expansion zu tun, deiner Chance, mehr zu sein. Hierbei geht es um die Art deines Seins und das bezieht sich ausschließlich auf das Innere. Das Äußere ist nur eine Geschichte, nicht wahr?

Und so heißt es, statt sich überhaupt erst an den Ort zu begeben, wo du dir sagst: »Ich bin machtlos, weil ich in dieser Situation bin«, die Tatsache anzuerkennen, dass du auf irgendeine Weise dazu beigetragen und es miterschaffen hast. Deshalb ist es ein Geschenk. Es ist eine Gelegenheit für dich, mehr darüber in Erfahrung zu bringen, wer du bist und mehr von dir zu sein. Du kannst zu einem tieferen Verständnis gelangen und wissen, dass es für dich eine Gelegenheit ist, ALLES ZU SEIN, was du auch nur irgendwie sein kannst.

Und auf diese Weise wirst du, sofern du in dieser Resonanz sein kannst, die Situation in der Tat sehr oft transformieren können. Nur wenn du jedoch in der Vorstellung steckenbleibst, ohnmächtig und hilflos zu sein, wird stattdessen die Angst einsetzen und du erschaffst mehr von dieser Art.

F: *Sicherlich ist dir klar, dass ich dabei gerade an eine bestimmte Freundin von mir denke, die sich im Moment mit einem ziemlichen Dilemma herumschlägt und noch nicht bereit ist, selbst öffentlich darüber zu sprechen. Was ist also, wenn ihr höheres Selbst angesichts einer persönlichen Tragödie, die ihr widerfahren ist, sieht, was sich da abspielt, aber ihre unmittelbare Familie, dieses Bewusstsein noch nicht hat und ganz anders mit der Sache umgehen will und nach äußerer Gerechtigkeit ruft? Sie steckt dabei gleich doppelt in einer Zwickmühle. Zum einen möchte sie mit der Familie, die bereits eine bestimmte Richtung einschlagen hat, an einem Strang ziehen, weil die Familie für sie sehr wertvoll ist. Und zum anderen bedeutet das womöglich lange Grabenkämpfe, um etwa staatlicherseits eine bestimmte Gesetzesänderung oder eine veränderte Auslegung des Gesetzes zu erwirken. Oder lässt man es um des eigenen Seelenfriedens besser sein, sich auf solche Feldzüge einzulassen?*

P'taah: Weißt du, meine Liebe, das ist immer eure freie Entscheidung. Bei allem, was ihr tut, geht es darum, stets eurem Herzen zu folgen, wo immer es euch irgend möglich ist. Auf eine gewisse Weise bedeutet das dann, dass ihr tatsächlich das tut, was es für euch zu tun gilt, um eure Möglichkeiten zu realisieren, ja sogar eure Bestimmung. Das ist das, was ihr manchmal ›Schicksal‹ nennt.

Von daher ist es ist möglich, beide Wege zu verfolgen. Zum einen kannst du den Weg einschlagen, etwas auf der staatlichen Ebene zu verändern, Gesetze anzupassen und Gerechtigkeit herzustellen etc. Zum anderen kannst du dir einfach dessen bewusst werden, dass alles miteinander verbunden ist und dass die Situation der Bewusstseinserweiterung, dem Wissen und dem Verstehen dient. Beides kann durchaus gleichzeitig ablaufen. Es kann im gleichen Raum und in der gleichen Zeit stattfinden.

Kannst du damit etwas anfangen?

F: *Das kann ich. Ich denke nur, wenn man mittendrin ist, fällt es ziemlich schwer, das zu sehen. Ich möchte noch an deine vorige Aussage anknüpfen, als du gesagt hast: »Das ist immer eure freie Entscheidung«. Mir kommt dabei die Frage: »Aber wie trifft man die Entscheidung?«*

P'taah: Nach dem Herzen. Du folgst dem Herzen.

F: *Aber das Herz scheint manchmal paradox zu sein.*

P'taah: Ja, natürlich. Und, weißt du, letztlich kommen wir zu unserer früheren Aussage zurück: Alles ist immer perfekt. Wofür auch immer du dich im Hinblick auf dich selbst oder auf dein eigenes Bewusstsein entscheidest, das Gewählte wird dich an einen bestimmten Standort versetzen, der wiederum dein Sein bestimmt. Deine Entscheidung hat ein bestimmtes Resultat, und worin dieses Resultat auch besteht, es ist eine Chance. Und ausgehend davon setzt sich das Ganze dann fort.

F: *Wenn einem das Resultat der eigenen Entscheidung also nicht gefällt, dann hat man manchmal ja das Gefühl, jetzt sei es zu spät, um noch etwas daran zu ändern. Kann man sich dann noch anders entscheiden und zurückrudern?*

P'taah: Ja, aber natürlich! Ihr tut das im Leben ständig, aber da ihr euch auf einer Zeitachse befindet, seht ihr das Muster dabei nicht. Wenn ihr euch aus der Zeitachse herausbegebt, könnt ihr sehen, dass ihr unentwegt Entscheidungen trefft und euch mit deren Resultaten auseinandersetzt. Und wie die Entscheidung und das Resultat auch aussehen mögen, es handelt sich immer um ein Geschenk. Und auf eine gewisse Weise bringt es euch immer zu demselben Ziel.

F: *Ah, interessant.*

P'taah: Nun, weißt du, wir fragen manchmal: Willst du die superschnelle Autobahn nehmen oder den ›schönen Panoramaweg‹, um dorthin zu kommen, wo du hin willst oder ›sein solltest‹? Oftmals habt ihr eine bestimmte Vorstellung davon, wie ihr oder etwas sein sollte. Ihr denkt: »Ich sollte dies und das tun« oder »das sollte dabei herauskommen«. Aber natürlich gibt es nicht wirklich so etwas wie ein ›Sollte‹.

F: *(Lachen) Ja, ja.*

P'taah: So, Geliebte. Weißt du, was deine Freundin angeht, so ist es möglich, Gerechtigkeit anzustreben ohne Rachegelüste im Herzen zu haben.

F: *Ja, verstehe.*

P'taah: Und das ist jeweils eine persönliche Entscheidung. Verstehst du das?

F: *Ja.*

P'taah: Und da deine Freundin das ganze Konzept im Zusammenhang mit der Bewusstseinserweiterung, dem persönlichem Wachstum und der Natur unserer Wirklichkeit kennt, kann sie in ihrer inneren Welt durchaus in Frieden kommen, mit der Geschichte und der Trauer, die an der Situation hängt. Gleichzeitig ist es in Ordnung, Gerechtigkeit herstellen zu wollen und gerechtere Gesetze anzustreben.

Diese beiden Aspekte können sich absolut damit vertragen, das Geschenk darin ausfindig zu machen und zu verstehen, dass ihr jeweils auf eurer ganz eigenen Reise seid. Ihr erschafft euch jeweils eure eigene Realität und dabei geht es nicht nur um ein einzelnes Leben an sich.

Auch hier ist es wieder so, dass die Zeitachse den Anschein erweckt, dass die Tragödien so gewaltig seien. Aber in Wahrheit hat deine Freundin ihren Sohn nicht verloren, sie hat nur die physische Realität ihres Sohnes verloren. Ihr Sohn ist weiter bei ihr. Die Liebe ist ewig, und zwischenzeitig spielen sie viele weitere Spiele miteinander, siehst du?

F: *Sie spielen viele Spiele miteinander?*
P'taah: Ja, natürlich.
F: *Ganz herzlichen Dank.*
P'taah: Und wir sagen das ganz und gar nicht, um die Situation kleinzureden oder auf die leichte Schulter zu nehmen. Es geht vielmehr um eine erweiterte Wahrnehmung der Situation. Und deine Freundin hat sie, weißt du? Wirklich.
F: *Ja, ich möchte dir ganz herzlich hierfür danken, weil ich denke, dass sie es zu schätzen weiß und es wirklich wertvoll sein dürfte. Und ja, ich weiß, dass sie dieses erweiterte Bewusstsein hat. Aber der Punkt ist der, dass die anderen Beteiligten, wie ihr Mann und ihr anderer Sohn, vielleicht nicht dasselbe Verständnis haben. Sie will das Richtige tun, das auch ihnen weiterhilft. Und ihrer Familie hilft die Vorstellung von irgendeiner Form von Gerechtigkeit. Sie hat Mitgefühl mit den anderen Beteiligten und sieht darin den Grund für sich, aktiv zu werden, weil sie das brauchen. Das ist ihr bewusst, aber die Tatsache, dass sie ja diejenige ist, die ihren Sohn verloren hat und diese Erfahrung macht, erschwert es, den besten Weg zu finden.*
P'taah: Wisst ihr, wir sagen allen von euch, die sich in einer solchen Zwickmühle befinden, dass ihr immer nur das tun könnt, was sich zu diesem Zeitpunkt für euch als richtig anfühlt. Vom Standpunkt eines umfassenderen Wissens würdet ihr die Situation, um die es gerade geht, vielleicht anders betrachten. Wenn ihr Verständnis aufbringt für den Schmerz, den Verlust und die Angst anderer und Mitgefühl für sie habt, versetzt ihr euch in einen höchst wundersamen Herzensraum.
F: *Ja, das ist schon etwas ganz Besonderes.*
P'taah: Das ist es, weißt du. Es geht um das ganze Herzensleid und die ganze Trauer, die ihr alle im Laufe eures Lebens erfahrt, während ihr auf dem Weg seid zu einem umfassenderen Wissen. Während ihr lernt, gut zu euch selbst zu sein und mehr darüber in Erfahrung

bringt, wer ihr seid als Menschen in eurer dreidimensionalen, dichten Welt, in eurer physischen Realität, gefangen in den Geschichten und den Dramen und auch in den großen Freuden und Glücksmomenten, die ihr auf eurer Reise erlebt.

Während ihr euer Bewusstsein erweitert und freundlich mit euch selbst umgeht, versetzt es euch in die Lage, auch dann zunehmend freundlicher zu sein, wenn es um etwas außerhalb von euch selbst geht. Dann könnt ihr eure Welt mit Liebe, mit Hochachtung, mit Respekt und mit Mitgefühl betrachten. Wenn immer mehr von euch auf diese Weise ihr Leben führen und so mit ihrer Trauer und ihren Tragödien umgehen, verändert ihr gewissermaßen die gesamte Resonanz eurer Welt.

Und dazu kommt es derzeit. Ihr seht es vielleicht nicht. Wisst ihr, wenn ihr einen Blick in eure Zeitung werft oder auf euren Fernseher schaut und einiges von dem mitbekommt, was auf eurer Welt geschieht, so wird euch oft schwer ums Herz, und ihr würdet sagen: »Es ändert sich rein gar nichts. Es passieren immer noch diese ganzen schrecklichen Dinge in meiner Welt.«

Aber wir sagen euch: Lasst euch nicht entmutigen, denn es ändert sich durchaus etwas! Euer Bewusstsein als Spezies erweitert sich, es dehnt sich auf Weisen aus, die ihr vielleicht nicht wahrnehmt, da ihr in eure Geschichten verstrickt seid. **Aber jede einzelne Person von euch verändert mit seinen Entscheidungen durchaus etwas. Ihr bewirkt etwas in eurer Welt.**

F: Dass unsere Seele durch die Trauer des Herzens so durchgeschüttelt wird, bewirkt eine Verfeinerung. Und gewissermaßen breitet sich das dann weiter aus und verfeinert das Bewusstsein der gesamten Menschheit.

P'taah: Das ist richtig.

F: Ich fand es übrigens wunderbar, was du darüber gesagt hast, Gerechtigkeit anzustreben ohne Rachegelüste im Herzen zu haben. Mir kommt es so vor, als sei das der Schlüssel zu so vielem, nicht nur in der angesprochenen Situation. Es geht darum, stets Liebe walten zu lassen, wenn Entscheidungen zu treffen sind. Und für Menschen in meiner Welt, vor allem in meiner politischen Welt, ist es wirklich schwer, auf Lösungen zu kommen, bei denen Mitgefühl für alle mitschwingt. Ich kann das gewissermaßen tun, aber ich beobachte dabei auch alle anderen. Sie sind so aufgebracht und stets darauf aus, den anderen zu übervorteilen. Es ist sehr verstörend.

P'taah: Ja, das ist es. Behalte dir dabei deine eigene Sichtweise. Du weißt ja, dass du dir mit entsprechendem Gewahrsein die ganzen Machenschaften um dich herum anschauen kannst. Den Machtkampf, die Rachsucht etc. Wenn du genau beobachtest, wie es abläuft, kannst du sehen, woher es kommt. Das macht den Umgang damit nicht unbedingt leichter, aber du hast dann das Wissen und das Verständnis, dass all diese Dinge, bei denen es nicht um Liebe, Achtung, Respekt und Mitgefühl geht, von diesem Ort der Angst vor Machtverlust oder Ohnmacht kommen.

F: *Absolut, auf jeden Fall. Und deine Erinnerungshilfe wird mir da gute Dienste erweisen. Danke also.*

F (Gastgeber): *Mir gefällt das Ganze hier sehr, weil ich denke, dass wir begonnen haben, das Streben nach Gerechtigkeit mit Rache gleichzusetzen.*

P'taah: Ja.

F: *Und ich fand es klasse, P'taah, als du gesagt hast, dass es vielleicht noch einen höheren Grund dafür geben kann, nach Gerechtigkeit zu streben. Ich weiß nämlich, dass sie in ihrem Fall nicht aus Rachegelüsten nach Gerechtigkeit strebt, sondern um anderen diese Art Schmerz zu ersparen. Also kann das Streben nach Gerechtigkeit auf verschiedene Bedürfnisse zurückgehen, oder?*

P'taah: Ja, in der Tat. Der Begriff ›Gerechtigkeit‹ bedeutet immer, dass es ohne Rachegelüste sein sollte.

Wie erfüllen wir unseren Daseinszweck?

F: *Als du heute Abend darüber gesprochen hast, wie wir quasi am Feinschliff unserer Seele arbeiten und unser Bewusstsein erweitern, kam in diesem kleinen Kreis hier noch eine weitere Frage auf. Wir alle haben schon oft bei Gruppenmeditationen und dergleichen mitgemacht und daran gearbeitet, der Welt zu helfen, indem wir Liebe und Mitgefühl aussenden. Und jetzt hat sich bei uns so ein Gefühl eingeschlichen, es irgendwie Leid zu sein, uns derart abzumühen.*

Und ich hatte das Gefühl, dass es heute eher darum geht, an den Punkt zu gelangen, wo wir erkennen, dass die Arbeit getan ist und dass es jetzt einfach an der Zeit ist, unserem Alltag nachzugehen und unser Licht in aller Farbenpracht in die Welt hinaus auszudehnen. Wir brauchen uns gar nicht so anzustrengen. Was sagst du dazu, P'taah?

P'taah: Nun, wisst ihr, wir würden dem beipflichten. Was wir versucht haben, euch allen zu vermitteln, ist, **dass ihr gewissermaßen euren Daseinszweck erfüllt und eurer Bestimmung dient, indem**

ihr einfach euren Alltag lebt und alles seid, was ihr sein könnt und euch in eurem Leben so oft wie möglich für Freude, Liebe und Spaß entscheidet – mit Liebe, Ehrerbietung, Mitgefühl und Respekt.

Es geht um die Entscheidungen in eurem Alltag. Und darum, wer ihr zur jeweiligen Zeit seid und wie ihr mit dem Resultat der Entscheidung umgeht. Denn der Punkt ist der, dass ihr unweigerlich ins Wanken kommt. Ihr trefft einfach immer wieder Entscheidungen aus Angst statt aus Liebe. Ihr erliegt manchmal einfach der Angst und trefft Entscheidungen aus einem negativen Zustand heraus. Und das ist in Ordnung. Es gehört alles mit zum Lernen dazu.

Was wir hier sagen ist: **Wenn die Basis eurer Entscheidungen der dringende Wunsch ist, mehr über Liebe in Erfahrung zu bringen und das Verlangen danach, dass alle Menschen in Frieden und Harmonie leben, dann erfüllt ihr wirklich eure Aufgabe.**

Ihr müsst jetzt nicht hinauseilen und Märtyrer werden. Ihr braucht auch nicht Stunden damit zuzubringen, der Erde Liebe zu schicken. Denn das braucht sie nicht.

Dennoch liebt ihr sie, denn das zieht sich durch sämtliche Fasern eures Seins. So steht ihr in der Liebe, Ehrerbietung und Unterstützung eurer Göttin Erde gegenüber und tut, was immer ihr könnt, um sicherzustellen, dass sie mit Liebe, Ehrerbietung und Respekt behandelt wird. Doch eure Bestimmung erfüllt ihr, indem ihr eurem Alltag nachgeht. So einfach ist es.

F: *Und wie verhält es sich dabei mit der Idee, über die du gesprochen hast, als ich dich fragte, unsere Gedanken zu einer Art Laser zu bündeln, um Menschen zu helfen, und dass es natürlich größere Wirkung hat, wenn da mehr als eine Person involviert ist?*

P'taah: Ja, natürlich. Wenn ihr zu einem bestimmten Zweck zusammenkommt, den das Herz vorgibt, ist das tatsächlich wundervoll. Es gibt Menschen, die es sich wirklich aus tiefstem Herzen wünschen, loszuziehen und an Orten zu leben, wo sie helfen können. Sie haben diesen Drang. Das ist das, wonach es sie verlangt in ihrem Leben.

Was wir damit sagen ist: Wenn du nicht den Drang verspürst, loszuziehen und in den Slums zu arbeiten, oder in die Politik zu gehen, um Veränderungen anzustoßen, oder karitative Arbeit in den Mittelpunkt deines Lebens zu stellen – wenn du also nicht aus dem Herzen heraus den Drang hast, derartiges zu tun –, dann gehe einfach deinem Alltag nach und sei dabei alles, was du sein kannst. Dann erfüllst du deine Bestimmung auf diese Weise.

Deine Bestimmung wird dich finden, egal, was du tust. Die Seele wird dir das bringen, was du erfahren sollst.

Und wenn es dir zugedacht ist, deine Bestimmung zu erfüllen, indem du zu einer bestimmten Zeit an einem bestimmten Ort bist, um dieses oder jenes zu tun, dann wirst du dort sein. Denn so funktioniert das. Du wirst schon dafür sorgen, dass du dann dort bist. Einfach, indem du alles bist, was du zum jeweiligen Zeitpunkt sein kannst.

F: *Vielleicht kommt das Gefühl, ausgepowert zu sein, immer dann zustande, wenn man noch in dem alten Paradigma steckt, dass wir uns aktiv auf die Suche nach unserer Bestimmung machen müssten oder sie selbst erschaffen sollten.*

P'taah: Genau. Und das Paradoxe ist, dass ihr schon dort hinkommt, wo ihr sein sollt, mag geschehen, was da wolle. Es ist immer, immer perfekt.

F: *Mir will das noch immer nicht so recht in den Kopf. Tut mir leid, P'taah. Trotz meiner großen Weisheit und Erleuchtung (lachend) nehme ich meine Perfektion noch immer nicht wahr.*

P'taah: Ich weiß.

F: *Wir sind hoffnungslose Fälle.*

P'taah: Aber es macht solchen Spaß mit euch.

F: *Aber es macht solchen Spaß.*

Aufhören zu kämpfen und still werden

F: *P'taah, ich denke, jetzt ist der Moment gekommen wo ich dir auf jeden Fall gerne noch zwei vorliegende Fragen stellen würde, eine zu den Schwierigkeiten, denen Menschen bei ihrer Suche begegnen und eine zum Thema Macht. Ist das in Ordnung?*

P'taah: Ist es.

F: *Die eine Frage lautet: »Seit ich vor drei Jahren meine Kraft verloren habe, lebe ich wie ein Gespenst. Ich hinterlasse keine Spuren in der physischen Welt. Mir ist meine Tochter entrissen worden, da ich es bislang nicht schaffte, gut für sie zu sorgen. Ich gehe zu zahlreichen Vorstellungsgesprächen, habe aber immer noch keinen Job und kein Auto. Meine Mutter hat man in einem Heim untergebracht. Und ich verbringe jeden Tag mit Lesen, Beten, Jobsuche. Was fehlt mir, um in meinem Leben wieder auf die Beine zu kommen?«*

Und am Ende schreibt diese Frau dann, »*Ich weiß, dass ich das hinbekommen kann, mir eine Stelle zu beschaffen, mein Erbe und die Sache mit meinem Haus zu regeln, meine Tochter und Mutter nach Hause zu holen und gut für uns zu sorgen.*« *Aber offensichtlich steckt darin dennoch die Frage, wie sie es angehen kann.*

P'taah: Nun, weißt du, an diesem Punkt im Dasein, wo ihr alles verliert und euch vollkommen machtlos und unsichtbar fühlt, gehen viele von euch gewissermaßen an diesen Ort des Verlusts, bevor ihr von Neuem entdecken könnt, wer ihr wirklich seid. Es ist auf eine bestimmte Weise ein sehr dramatischer Weg, das alles zu tun. Aber auch ein sehr wundersamer. Es gibt nichts mehr zu verlieren, und so seid ihr selbst die einzige Ressource, die ihr habt.

Werde also still, höre für einen Moment auf zu kämpfen und verweile einfach in der Stille. Denn in der Stille wirst du deine eigene Kraft und Macht wiederentdecken. Du entdeckst dieses goldene Licht wieder, das von dem ausgeht, was du in Wahrheit bist. Deine einzige Unsichtbarkeit liegt darin, dass du nicht siehst, wie du wirklich bist.

Wenn es dir aber gelingt, still zu werden, kannst du aufhören zu kämpfen. Wenn du aufhörst zu kämpfen, kann das Universum mit dir zusammenwirken, statt dass du kämpfst. Mit diesem Kämpfen verhält es sich auf eine gewisse Weise so, als wärest du in einem stockdunklen Raum und würdest versuchen, ohne den leisesten Lichtschimmer den Weg nach draußen zu finden. In dem Moment, in dem es dir gelingt still zu werden, wirst du merken, dass da eigentlich gar kein Raum ist, aus dem du raus müsstest. Dann kann dass das Licht zu dir kommen.

Das ist sehr schwer, wenn alles verloren scheint. Das verstehen wir. Deine Macht ist nicht weg, du schneidest dich nur einfach von der Macht und dem Wissen ab, da du die Anbindung an deine eigene Göttinnenschaft kappst.

Statt dich also derart abzuplagen und immer wieder nur zu machen und zu machen, schlagen wir dir vor, innezuhalten und zu atmen und dich in deinem Sein zu spüren. Deine Macht und deine Kraft zu spüren. Und wenn du von deinem eigenen Göttinnenlicht erfüllt bist, wie kannst du dann unsichtbar sein?

Wenn du von deinem eigenen Göttinnenlicht erfüllt bist, unterstützt dies das Universum genauso, wie es dich in deinem abgedunkelten Raum unterstützt. Hier ist wieder das Paradoxe: auf der einen Seite der Kampf darum, allen ungünstigen Vorzeichen zum Trotz etwas zu unternehmen und auf der anderen Seite dann die Stille, um alles zu sein, was du sein kannst, damit du etwas mühelos erschaffen kannst.

F: *Ganz herzlichen Dank dafür, P'taah.*

Den Alltag leben aus dem Wissen um unsere innere Welt

F: *Die zweite Frage kommt von einer Person, die das Gefühl hat, Zeuge ihrer eigenen Macht geworden zu sein und das jagt ihr eine entsetzliche Angst ein. Quasi das genaue Gegenteil von einem ›Mangel‹ an etwas.*
Ich würde dir die Frage jetzt gerne einmal vorlesen. Sie lautet: »Ich bin letztes Jahr ein paar Mal durch das Aufstiegstor gelangt und erlebte mich dabei als reine Magie, reine Macht, reine Fülle. Es war ein so extremes Erlebnis meiner eigenen Macht, dass mir bewusst wurde, dass ich ganze Universen erschaffen kann. Allerdings war diese Erfahrung so beängstigend für mich, dass ich seitdem vor lauter Angst und Schrecken wie ein Hund herumlaufe, der seinen Schwanz zwischen den Beinen eingeklemmt hat.
Ich stehe sozusagen am Tor und schrecke derart frustriert und verwirrt zurück. Ich habe für einen Weg gebetet, um meine entsetzliche Angst zu lindern, damit ich endlich durch das Tor gehen und dann auch dort bleiben kann. Das klingt wohl albern, aber ich habe das Gefühl, wenn ich endlich den Mut aufbringe, zu meiner Macht zu stehen, werde ich tatsächlich vom Boden abheben und physisch fliegen können. Ist das möglich?«

P'taah: Nun, weißt du, zum wirklichen Fliegen brauchst du deinen Körper gar nicht. Aber wenn du natürlich wahrhaft in deiner Kraft bist, kannst du den scheinbar unabänderlichen Gesetzen der Schwerkraft trotzen.

Nun kommen wir jedoch zur Hauptsache, dieser entsetzlichen Angst vor deiner eigenen Macht. Was du da vor dir siehst, ist die interdimensionale Seite der ganzen Geschichte. Und damit meinen wir, dass du einen flüchtigen Blick auf deine Möglichkeiten als multidimensionales Wesen erhaschen konntest.

Du hast dich jedoch in diese Realität hineingeboren, um zu lernen, auf die umfassendste Weise in ihr zu existieren. Das Leben und den Alltag so freudig zu erfahren, wie nur irgend möglich. Die Freude, den Frieden, die Stille, die Harmonie, den Spaß in deinem alltäglichen Leben zu finden. Und um auf eine gewisse Weise zu erfahren, wie sehr es in deiner Macht steht, dir das zu erschaffen.

Einen großen Teil seines Lebens in einem meditativen Zustand zu verbringen und andere Dimensionen zu erkunden, ist eine große Freude, aber dazu seid ihr nicht hier. Du existierst bereits in diesen Wirklichkeiten, die anderen Dimensionen zugeordnet sind. Du existierst bereits als ehrfurchtgebietend machtvolles nichtphysisches Wesen, das durch die Galaxien reist. Dabei bist du im absoluten Wissen um deine Verbundenheit mit ALLEM-WAS-IST, während du das erfährst, was sogar die Vorstellungen der alltäglichen Wirklichkeit sprengt. Du existierst bereits dort.

Der Trick bei der Sache ist der, deinen Alltag – deine Interaktionen mit anderen, deine physischen Interessen, dein alltägliches ›Holzhacken und Wasserholen‹, all das – **mit diesem Wissen um deine innere Welt zu vermählen.**

Die innere Welt ist dieser wundersame Ort, mit dem ihr alle ausgestattet seid. Ein Ort, der wirklich von niemandem sonst betreten wird. Ein Ort, der euch allein gehört. Du kannst ihn damit vergleichen, durch eine phantastische Bibliothek zu schlendern, durch Welten zu streifen oder durch Reiche der Fantasie zu wandern etc. Das ist deine innere Welt, und auch sie ist wundervoll.

Doch eine erfolgreiche Vermählung zwischen deinem äußeren und deinem inneren Leben ist das, was Frieden und Harmonie bringt, wenn du die Macht der inneren Welt kennst und weißt wie sie sich in deiner äußeren Welt manifestiert.

Was wir in Antwort auf diese spezielle Frage also sagen würden ist folgendes: Stelle diese Entdeckungsreise zunächst einmal ein und konzentriere dich für diesen Moment darauf, wie du deine äußere Welt erschaffst. Konzentriere dich darauf, dass du soweit kommst, die Reisen der inneren Welt weniger angstbesetzt zu betrachten und gewissermaßen zu sehen, dass du dich in deiner inneren Welt im Hinblick darauf, wer du sein willst, genauso entscheiden kannst, wie in deiner äußeren Welt.

Es ist nicht etwa so, dass diese Macht oder Kraft dich steuert. Vielmehr bist du diese Macht. Und du kannst jeden Moment entscheiden, wie du dich mit dieser Macht verhältst und wonach es dich im Hinblick auf diese Macht verlangt oder wie du sie einsetzen wirst. Es ist deine Entscheidung. Du wählst. Du bist hier die Göttin. Du bist der unangefochtene Souverän.

Konzentriere dich von daher für eine Zeitlang mehr auf deine äußere Welt und lasse die Idee auf dich wirken, dass du nicht von dieser

Macht gesteuert wirst. Und während dich mehr und mehr die Liebe zu dem erfüllt, was du bist, weißt du in der Tat, dass du keinen unangemessenen Gebrauch von dieser Macht machen wirst.

F: *Wow. Danke, P'taah. Und mein Gefühl sagt mir, dass die äußere Welt mehr und mehr meine innere Welt wird. Das gehört mit zur seelischen Expansion, richtig?*

P'taah: Ja, genau. Genau das.

Deinen inneren Raum erschaffen

F: *Das Folgende hängt nicht unmittelbar hiermit zusammen, aber irgendwie habe ich dennoch das Gefühl, es passt dazu. Und zwar kam hier eine Frage, von der ich nicht sicher war, ob wir sie schon gestellt hatten, aber ich denke nicht.*

Sie stammt von einer Person, die sich am helllichten Tag während einer Autofahrt plötzlich für eine Nanosekunde lang in einer anderen Dichte wiederfand: »Alles strotzte vor Gesundheit und atemberaubender Schönheit. Die Luft und die gesamte Umgebung waren von einer ehrfurchtgebietenden Liebe durchtränkt. In welcher Dichte befand ich mich da? Und ist das die Dichte, zu der wir durch das Portal, dem wir uns nähern, hingelangen werden?«

P'taah: Gewissermaßen schon. Was du dort erlebt hast, ist das, was wir die ›Erfahrung des Einsseins‹ nennen. Und dieser flüchtige Einblick kommt interessanter Weise nicht zustande, indem du versuchst, aktiv dorthin zu gelangen. Du kommst vielmehr dorthin, indem du geschehen lässt. Es scheint fast wie ein schlechter Scherz, zu sagen, dass es sich in Wahrheit so verhält. Doch so ist es wirklich. Das ist die umfassendere Wirklichkeit jenseits dieser begrenzten Wahrnehmung deines Alltags. Und das ist es, was wir hierzu sagen möchten.

Alle diejenigen die die Erfahrung des Einsseins nicht nur einmal sondern viele Male gemacht haben, wissen, dass das wahr ist. Das ist das Potenzial, das in eurer Welt steckt. Dies ist die Welt, die in den Wirklichkeiten anderer Dimensionen existiert. Sie ist real.

F: *Einschließlich anderer dimensionaler Wirklichkeiten, in denen wir irgendeine Form von physischem Sein haben?*

P'taah: Ja.

F: *Wow. Die Fragestellerin sagte, sie hätte sich in einer anderen Dichte wiedergefunden, obwohl sie weiter in diesem Körper war. Wenn mir so etwas passiert, habe ich das Gefühl, dass ich nicht von einer anderen Dichte bin,*

sondern dass ich endlich ohne Angst verstehe, was es in Wahrheit mit dieser Dichte auf sich hat.
P'taah: Ja. Auf eine gewisse Weise stimmt auch das.
F: *Es ist die tiefere Wirklichkeit, in der wir uns befinden, und sie ist so tief, dass sie auch eine andere Wirklichkeit ist.*
P'taah: Ja.
F: *Und damit kommen wir sozusagen zu unserer letzten Frage. Eigentlich war es gar keine Frage. Es war ein Zitat in einem Newsletter, den ich erhielt, aber ich dachte mir, es wäre ein guter Punkt für ein Gespräch.*

Dort hieß es: »Auf eine höhere Dimension der Wahrnehmung umschalten zu können, kann uns helfen, Lösungen für unsere Probleme zu finden, Konflikte zu lösen, Krankheiten zu heilen und ein Einssein mit der gesamten Schöpfung zu erleben.« Das klingt doch ziemlich nach dem geschilderten Erlebnis und die Aussage war für mein Gefühl einfach so zutreffend.

P'taah: Ja. So ist es. Werdet still, wenn ihr euch in euren Raum begebt, diesen wundersamen inneren Raum, den so viele von euch geschaffen haben. Und wir sagen euch: Gestaltet ihn so wunderschön wie ihr es nur irgendwie tun könnt, damit dies ein Platz ist, zu dem ihr quasi wirklich freudig hineilen könnt, weil er eben so schön, von solcher Ruhe, Harmonie und Frieden ist, dass ihr es genießt, dorthin zu gehen. Diesen Platz oder diesen inneren Raum könnt ihr dazu nutzen, Konflikte zu lösen oder mit Menschen in Kontakt zu treten, denen ihr euer Herz ausschütten möchtet.

F: *Ja.*

P'taah: Das bedeutet auch, sich damit auseinanderzusetzen, gewissermaßen in einer Realität zu existieren, die einer anderen Dimension angehört und das Werkzeug der Fantasie dazu zu nutzen, um einen Raum zu erschaffen, an dem du still und in Harmonie sein kannst.

F: *Ja, ich habe mich sozusagen dahintergeklemmt und diverse Bücher durchforstet und versucht, den perfekten Raum zu finden, weil ich ihn nur etwas verschwommen wahrnehme, wenn ich in ihn eintauche. Ich bekomme eine Ahnung davon, möchte es aber noch konkreter sehen. Also habe ich begonnen, wirklich daran zu arbeiten und genieße es. Es macht enormen Spaß.*

P'taah: Es macht wahrlich enormen Spaß, meine Liebe. Und unser Wunsch ist, dass es weiterhin enormen Spaß machen wird. Und das ebenfalls Wundervolle an deinem Raum ist natürlich, dass du ihn willentlich verändern kannst.

F: *Das finde ich großartig! (Lacht)*

P'taah: Meine Liebe, dir gefällt der Gedanke, dass es nichts kostet, richtig?

F: *(Lacht) In der Tat, das ist verlockend. (Lacht) Ertappt! Aber es ist absolut wahr. Ja, so geht es mir wirklich.*

Ich bin dabei, das in meinem Privatleben umzusetzen, und da funktioniert die ›Kostenlos‹-Nummer nicht ganz so reibungslos wie bei meinem inneren Raum.

P'taah: Das Wunderbare ist ja aber, dass du kein Geld brauchst, um deinem persönlichen physischen Lebensumfeld Schönheit und Harmonie einzuhauchen.

F: *Ja, das ist mir auch absolut klar. Und ich liebe das Umfeld, in dem ich wohne. Ich bin ganz begeistert darüber, wie es ist. Ich liebe es, zu Hause zu sein!*

P'taah: Ja, das tust du, und es ist ein Raum von großer Schönheit und Harmonie.

F: *Mir brennt gerade noch etwas unter den Nägeln, nämlich einfach zu sagen: »P'taah, ich habe mir heute wieder eines der Gespräche mit dir angehört, und es hat mich einfach wirklich überwältigt, das Privileg und die Freude zu haben, mit jemandem über diese tiefsten Herzensdinge von mir sprechen zu können und meine Fragen beantwortet zu bekommen. Es ist ein solch seltenes Geschenk, und ich weiß es wirklich so sehr zu würdigen.« Das wollte ich einfach noch einmal loswerden.*

P'taah: Geliebte, wir möchten dir sagen, dass es uns ein Privileg und eine große Freude ist, die Gelegenheit zu haben, zu euch zu sprechen – persönlich zu euch beiden, zu all den Menschen, die am Telefon ihre Fragen stellen, aber auch zu all den anderen die diese Information für ihre eigene Transformation nutzen. Das ist eine solche Freude für das, was wir sind und ein solches Privileg für uns. Wir danken euch allen von ganzem Herzen für diese Gelegenheit.

Und damit übersenden wir euch beiden und allen, die zuhören, ein herzliches Namaste.

F: *Namaste.*

P'taah: Und lebt einstweilen wohl. Lebt wohl.

F: *Lebe wohl. Danke.*

Fünfte Übermittlung

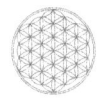

Haustiere und Kinder

P'taah: Guten Tag, meine Lieben.
F: Guten Tag, P'taah.
P'taah: Also, meine Lieben. Kommen wir zu euren Fragen.
F: Ja, wir haben da eine ganze Reihe und die meisten sind neu.
P'taah: Gut, lass uns anfangen.
F: Ich beginne einmal mit einer Frage zu Haustieren. Das Kätzchen meiner Tochter, das sie fast achtzehn Jahre lang hatte, ist vor zwei Tagen gestorben und die Trauer ist groß. Außerdem haben wir hier eine Frage von einer Frau, die nach vielen Jahren ihren Hund verlor und ebenfalls große Trauer erlebt hat. Könntest du also etwas zu Haustieren sagen? Jemand meinte einmal, sie seien dazu da, uns etwas über den Tod zu lehren. Ich weiß nicht, ob das stimmt oder nicht.

P'taah: Nun, weißt du, meine Liebe: **Niemand hat wirklich die Aufgabe, einen anderen irgendetwas zu lehren, mit Ausnahme dessen, was ihr an Wissen für euch selbst zusammengetragen habt.**
F: Ich verstehe.

P'taah: Es ist nicht so, dass sie dazu da sind, euch etwas zu lehren. Aber Tatsache ist, dass sie euch dennoch natürlich eine Menge beibringen. Es gibt eine Art von Absprache mit euren Hausgenossen, dass sie in diesem gemeinsamen Schöpfungsprozess bei euch sein würden, und das gilt vor allem für solche, die ihr in euer Herz geschlossen habt. Dann lernt ihr in der Tat viel von ihnen. Es ist jedoch auch so, dass ihr mit dem Hund vielleicht Loyalität und Spaß lernt, und von der Katze Unabhängigkeit. Das ist jedoch nicht wirklich das Wichtigste dabei. Es geht vielmehr um euer Herz.

Wenn ihr euch auf menschliche Beziehungen einlasst, schafft ihr auf eine merkwürdige Weise geradezu automatisch beste Voraussetzungen für Enttäuschungen. Wenn ihr eine Beziehung zu euren Kreaturen aufbaut, kommt es nicht wirklich zu Zwietracht, und ihr könnt euer Herz voll und ganz verschenken in dem Wissen, dass es gefahrlos möglich ist.

Dann kommt jedoch natürlich der Tod, und weil ihr euch so aus ganzem Herzen in eure Beziehung zu ihnen hineingegeben habt, verspürt ihr in der Tat den Trennungsschmerz.

Wisst ihr, ebenso wie Menschenwesen beim Tod nach Hause zurückkehren, so gehen in der Tat auch eure Haustiere nach Hause. Und sehr oft kommen sie bzw. ein Teil von ihnen immer wieder zu euch. Dies geschieht auf die gleiche Weise, wie ihr euch eure Familiengruppe auswählt und sehr häufig immer wieder ins physische Dasein kommt, um ein bestimmtes Leben miteinander zu teilen. Nicht anders ist es bei euren Haustieren.

Und so sagen wir zu euch, dass ihr euch, wenn euer Tier stirbt, einfach in Erinnerung rufen könnt, dass es nach Hause zurückgekehrt ist. Natürlich ist da die Trauer um die physische Trennung, aber wir würden euch sagen: **Lenkt den Fokus darauf, wie wundervoll es mit ihm war, nicht auf die Trennung.**

F: *Ist es beinahe so wie bei Menschen, die auf die andere Seite gegangen sind und mit denen man sogar auf gewisse Weise noch kommunizieren kann?*

P'taah: Ja. Sehr oft könnt ihr die Energie von Haustieren danach noch bei euch zu Hause spüren. Und einige von euch können sogar das Abbild ihrer körperlichen Erscheinung wie eine Art Schatten aus dem Augenwinkel wahrnehmen. Manchmal werdet ihr sie sogar hören, obwohl sie körperlich nicht da sind.

F: *Hmmm.*

P'taah: Liebe ist Liebe, und sie kennt kein Ende. Es gibt keine Trennung. Ob Mensch oder Haustier – wo Liebe ist, ist eine Trennung nur körperlicher Natur. Die Liebe verbindet euch für immer.

F: *Wow, das ist wunderschön.*

P'taah: Ja, sehr.

F: *Die andere Person, die eine Frage zu Haustieren hatte, sagte: »Wenn ich es recht verstanden habe, muss ich sechs Monate warten, bis ich mit meinem kleinen Liebling in Kontakt treten kann.« In meinen Ohren klingt das absurd.*

P'taah: Nein, das ist auch nicht so. Ganz und gar nicht.

F: *Danke. Ich denke, viele werden wirklich froh sein, wenn sie das hören. Bei der nächsten Frage geht es um Kinder und sie lautet: »Müssen wir uns in dieser Zeit, in der alles im Fluss ist, angesichts der ganzen Herausforderungen auf dieser Erde Sorgen um die Sicherheit unserer Kinder machen? Müssen wir uns Gedanken darüber machen, wo wir wohnen werden? Und sind wir im Begriff, uns wieder als Jäger und Sammler zu betätigen?« Das sind viele Fragen auf einmal, aber auf einen knappen Nenner gebracht, denke ich, geht es um das Thema Kinder.*

P'taah: Ach, weißt du, wir würden dazu sagen: Bringt euren Kindern bei, wie sie Sicherheit erleben können. Sicherheit ist eine Frage der geistigen Einstellung.

F: *Ja, und ich wollte, wir alle hätten das in der Kindheit gelernt.*

P'taah: Ja, und dies ist jetzt die Zeit dafür. Kindern bringt man dann etwas bei, wenn die Zeit reif dafür ist. Dann sind sie offen für dieses Wissen, weißt du. Lehre deine Kinder also Sicherheit, und sie werden immer sicher sein, komme, was da wolle.

Siehst du, mit Sätzen wie:»Oh je, so eine Katastrophe, so ein Desaster« verstrickst du dich im physischen Drama. **Wenn ihr jedoch euren Alltag lebt, seid im Jetzt! Und es ist in der Tat die beste Vorbereitung, die ihr für jegliche Katastrophen treffen könnt, in eurer Mitte und im Gleichgewicht zu sein und zu wissen, dass ihr in Wahrheit ewige Wesen seid.**

F: *Absolut.*

P'taah: Weißt du, ihr verstrickt euch in Geschichten. Ihr lebt in einem sicheren Universum und wie auch immer es ist, dort wartet etwas Wundersames auf euch.

F: *Ja, und ein Teil der Frage ist auch: »War es falsch, dass wir Kinder auf die Welt gebracht haben?« Natürlich gibt es keine Unfälle oder Zufälle. Es war nicht falsch, Kinder auf die Welt zu bringen.*

P'taah: Absolut. Weißt du, weil sie klein sind, vergesst ihr, dass auch sie grandiose und sehr mächtige souveräne Wesen sind.

F: *Ja, das vergessen wir in der Tat.*

P'taah: Und ihr vergesst, dass ihr Auftreten hier nur einer der Myriaden von Auftritten dieser Art ist.

F: *Stimmt.*

Das Leben ist nicht als Strafe gedacht

F: *Wir haben hier nun mehrere Fragen, die sich auf Aspekte rund um den Körper beziehen, ein paar davon auf Ernährung. Derzeit wird eine Menge Geld damit verdient, Bücher über diese und jene Diät zu schreiben; darüber, sich z.B. seiner Blutgruppe entsprechend zu ernähren. Ein Punkt, der mittlerweile ein paarmal zur Sprache kam, ist die Frage, ob wir, wenn wir mehrere Leben in einer bestimmten Kultur verbracht haben, versuchen sollten,* uns dieser Kultur entsprechend zu ernähren? Könntest du dazu noch etwas mehr sagen?

P'taah: Weißt du, wenn ihr das glaubt, wird es so sein. Verstehst du das?

F: *Ach du meine Güte. Ja. So einfach ist das!*

P'taah: Natürlich ist es einfach. Der Schlüssel liegt in der entsprechenden Balance.

F: *Ja, und sich nach dem zu richten, was vom Herzen her für einen richtig ist. Da ist eine Frau, die seit vielen, vielen Jahren Vegetarierin ist, jetzt aber ein Buch gelesen hat, in dem es heißt, sie solle sich tierisches Eiweiß aus Fleisch zuführen. Nur wird ihr davon schlecht. Von daher denke ich, an einem solchen Punkt sagt der Körper einem eindeutig, dass es eben nicht gut für ihn ist.*

P'taah: Ja, eben. Hört einfach darauf und folgt eurem Herzen. Vergesst dabei nicht, dass was auch immer ihr glaubt, ist eure Wahrheit.

F: *Ja. Wir haben noch ein paar Fragen zu Panikattacken bekommen. Ich selbst hatte sogar ein paarmal welche, wenn auch nicht in den letzten Jahren, aber sie können einem schon zusetzen. Kannst du dazu etwas sagen?*

P'taah: Liebe, sage mir einmal folgendes: Du hast diese Panikattacken jetzt seit Jahren nicht mehr gehabt. Was ist der Unterschied zwischen damals und heute?

F: *Naja, wenn ich spüre, wie das beginnt, was meiner Erinnerung nach die Panikattacke ausmacht, sage ich mir: »Ach ja, mal wieder eine Panikattacke.« Dann atme ich bewusst, zentriere mich und sie geht wieder weg.*

P'taah: Worauf ruht der Fokus der Panikattacken?

F: *Bei mir war es so, dass mir schwindelig wurde und ich dachte, ich würde jeden Moment umfallen und wahrscheinlich sterben.*

P'taah: Nein, wir meinen zeitlich.

F: *Oh, auf der Zukunft.*

P'taah: Was löst die Angst und den Stress aus?

F: *Es ist die Frage, was da passieren wird. Es geht nicht um das, was im Jetzt ist.*

P'taah: Die Antwort lautet also, dass dein Stress und deine Angst sich immer auf etwas Zukünftiges richten. Es ist die Erwartung, dass etwas in irgendeiner Zukunft negativ ausgeht. Es dreht sich nicht um das Jetzt. **Die Art und Weise, wie du dich selbst beruhigst, nämlich durch bewusstes Atmen und Zentrieren, bedeutet einfach, dass du den Fokus auf das Jetzt richtest.**

F: *Ja.*

P'taah: Das ist also ein sehr gutes kleines Hilfsmittel. Still zu werden und tief und gleichmäßig zu atmen. Erinnere dich daran, dass in diesem Jetzt alles perfekt ist; und **alles ist immer perfekt und reift zur perfekten Zeit.**

F: Ja. Und wie findet man eine positive und glückliche Stimmung, wenn bei einem eine lebensbedrohliche Erkrankung diagnostiziert wird?

P'taah: Weißt du, es geht darum, sich anzusehen, was die Erkrankung geschaffen hat. Ihr wisst, dass eure Glaubenssätze Krankheiten erzeugen, denn man ›fängt‹ sie sich nicht einfach so ein. Und wenn ihr euch die emotionale Struktur ansehen könnt, die die Erkrankung oder das Un-Wohlsein geschaffen hat, dann schaut euch an, wie sich Wohlsein statt Un-Wohlsein anfühlt.

Ihr bewältigt so etwas, indem ihr begreift, dass der Körper eine Erkrankung hervorgebracht hat, um euch auf Punkte hinzuweisen, denen auf der mentalen und emotionalen Ebene bislang nicht Rechnung getragen worden ist. Mit anderen Worten, **was ihr glaubt und wie sich das anfühlt, das ist es, was Krankheit erzeugt.**

Es geht auch darum, dich in diesem großen Drama namens lebensbedrohliche Erkrankung zu fragen: Willst du jetzt sterben? Weißt du, einige von euch sind von einem Ort tief in ihrem Inneren her ziemlich zufrieden damit, in diesem Drama zu stecken und dann zu gehen. Und weißt du, nichts ist so tief, dass es vor dir selbst verborgen bleiben könnte.

Die meisten von euch sind nicht sonderlich geübt darin, sich selbst gegenüber sehr ehrlich zu sein. **Ihr schaut gerne über das hinweg, was ihr für die schlechten, hässlichen oder schmerzlichen Seiten haltet.**

F: Ja.

P'taah: Schaut euch diese ganzen Punkte und Elemente an, vor denen ihr euch gerne versteckt. **Solange ihr euch diese alten Glaubenssätze nicht anschaut und nicht bereit seid, zu fühlen, wie sich das anfühlt, sowie anzuerkennen und zu akzeptieren, dass das Ganze einfach so ist, wie es ist, werdet ihr an den Glaubenssätzen nichts ändern.**

Schließlich sind eure Glaubenssätze so etwas wie Bausteine des Lebens, wisst ihr? Euer Glaube ist das, worauf ihr euer Leben aufbaut. Aber wir erinnern euch daran, dass es ein Spiel ist. Und wenn es euch nicht gefällt, was ihr da spielt, könnt ihr die Spielregeln ändern. Es ist euer Spiel.

F: *Das ist eine schöne Überleitung zu einer Frage, in der es heißt: »Theoretisch weiß ich, wie ich meine Welt erschaffe, aber ich tue mich wirklich schwer damit, loszulassen und mich dem Lauf der Dinge hinzugeben. Wie kann ich diese Barriere überwinden?«*

P'taah: Zunächst einmal musst du wissen, dass du absolut alles erschaffst. Und welchem Lauf der Dinge willst du dich hingeben? Überlasse dich dem, was du wirklich bist. Sage dir: »So bin ich. Meistens erschaffe ich wirklich Wunderbares, aber manchmal auch ziemlich beschissene Sachen. Und das tue ich, weil ich im Hinblick auf mich selbst dieses und jenes glaube.«

Nun, das stimmt. Die Hingabe besteht darin, zu sagen: »Das stimmt. Ich glaube das in der Tat, aber das ist eine alberne Vorstellung. Und ich verstehe jetzt wirklich, dass das nicht stimmt. Es bringt keine Wahrheit im Hinblick auf mich zum Ausdruck, denn in Wirklichkeit bin ich ein perfekter und ewiger Ausdruck der Höchsten Quelle. Sonst wäre ich nicht hier. Und das hier ist mein Leben, mein Spiel. Ich kann es spielen, wie ich will. Aber was ich wirklich will, ist glücklich zu sein, erfüllt zu sein, zufrieden zu sein, Spaß zu haben und leidenschaftlich zu sein im Hinblick auf mein Leben. Das will ich.« Und wenn das dem entspricht, was du willst, dann konzentrierst du dich eben darauf in dem Wissen, dass du all das verdient hast. Einfach, weil es dich gibt.

F: *Weil ich genug bin.*

P'taah: Genau das.

F: *Jani und ich haben uns ein wenig unterhalten, bevor sie dich durchkommen ließ. Und die Tatsache, dass wir wirklich hierhergekommen sind, um ein freudiges, wundervolles Leben zu haben, finde ich einfach so inspirierend.*

P'taah: Das ist es, weißt du. Ihr nehmt das alles so ernst, obwohl es doch in Wahrheit ein wunderbares Spiel ist, das ihr da spielt. Und ihr könnt es spielen, wie ihr wollt.

Was wir gesagt haben und was unsere Frau [das Medium Jani King] hier dir gegenüber zitiert hat, war die Tatsache, **dass das Leben nicht als Strafe gedacht ist. Es ist dazu gedacht, ein außerordentlich kreatives Spiel zu sein. Ein Spiel, das keine Grenzen kennt, wenn es darum geht, euren unsterblichen göttlichen Funken physisch auszudrücken.**

F: *Wow, wenn das Menschen nicht inspiriert, dann fällt mir nichts mehr ein! Das ist so wundervoll.*

P'taah: In der Tat ist es wundervoll! Ihr seid wundervoll, müsst ihr wissen. Das ist die Wahrheit dabei. Ihr seid alle wundervoll. Und ihr könnt das Spiel spielen, wie es euch beliebt.

Aber, seht ihr, was ihr mitunter nicht erkennt, ist, dass das, was euch am meisten gefällt und euch am meisten erfüllt, darin besteht, das zum Ausdruck zu bringen, was den Löwenanteil an euch ausmacht. Und das ist die Liebe, die Freude, das Funkeln, das Lachen, der Spaß, das Spiel, das Mitgefühl, die Leidenschaft, die Güte, die Freude, der Dank und die Dankbarkeit für dieses erstaunliche Leben, das ihr immer wieder von neuem erschafft.

F: *Ja, und wir bleiben in den Details stecken und verlieren das aus dem Blick. Wir verlieren den roten Faden, wie du zuvor schon mal gesagt hast.*

P'taah: Ja, in der Tat, und das ist auch in Ordnung. Weißt du, unter dem Strich ist das in Ordnung. Wenn ihr euch in dem Drama verlieren und vergessen wollt, ist das in Ordnung. Es ist euer Spiel. Ihr könnt das durchaus so handhaben, wenn ihr wollt.

F: *Ja, da das immer und immer wieder auftaucht, denke ich, dass es sich auf gewisse Weise auszahlt, dieses ganze Drama zu erleben. Es ist spannend, und natürlich wird einem nie langweilig, wenn man in einem solchen Drama steckt.*

P'taah: Und das ist in Ordnung, weißt du? Es gibt kein Richtig oder Falsch dabei, wie man mit dem Leben umgeht. Es gibt nur das, was euch Freude bringt und das, was das nicht tut.

F: *Und viele Gelegenheiten, das Spiel zu spielen.*

P'taah: Absolut. **Wir erinnern euch alle daran, dass es euch auf der Seelenebene danach verlangt, jede Erfahrung einmal gemacht zu haben.**

F: *Und wenn wir in dieses Leben kommen, so vermute ich, haben wir die Erlaubnis erteilt, dass all die Dinge passieren dürfen, die wir erfahren. Ich meine, nichts trifft uns sozusagen überraschend oder gegen unseren Willen. Wir sind durchaus hierhergekommen, um das alles zu durchleben.*

P'taah: Ihr habt euch selbst die Erlaubnis erteilt, es zu spielen, wie ihr wollt.

Den Unfug in medialen Durchgaben erkennen

F: *Weißt du, es gibt ja viele sogenannte Channelmedien. Und jedes davon sagt etwas anderes. Du bist schon an früherer Stelle darauf eingegangen, aber wie trennt man die Spreu vom Weizen und woher weiß man, ob man sich nach etwas richten sollte, was jemand sagt?*

P'taah: Danach, wie es sich anfühlt. Ich meine, bloß weil ihr auf dem spirituellen Weg seid, heißt das ja nicht, dass ihr euer Gehirn aus dem Fenster werfen müsst, weißt du. Denn das, was ihr da manchmal zu hören bekommt, würden wir als Unsinn bezeichnen.

F: *Ja, ziemlich.*

P'taah: Siehst du? Wofür auch immer ihr euch entscheidet, es hat seine Gültigkeit. Und es gibt eine Vielzahl von Wegen, um herauszufinden, wer ihr wirklich seid. Wie wir jedoch schon viele Male gesagt haben, geht es um kritisches Urteilsvermögen.

Und um das zu praktizieren, sagt ihr euch: »Was ist die höchste, die umfassendste oder grandioseste Vorstellung, die ich davon habe, wer ich wirklich bin?« Und wir würden sagen, die grandioseste und umfassendste Vorstellung davon, wer ihr seid, besteht darin, zu sagen, dass ihr ein vollkommener und ewiger Ausdruck der Höchsten Quelle seid. Das heißt, **ihr seid jetzt bereits vollkommen, nicht erst dann, wenn all die kritischen Aspekte behoben sind. Es geht nicht darum, an einen bestimmten Punkt zu gelangen. Es geht nur darum, zu sein.**

Und ihr seid natürlich ewig. Ihr kommt aus diesem ewigen Bewusstseinsfunken, der eure ›Seele‹ genannt wird, Leben für Leben hervor, um diese wundervollen Erfahrungen namens Leben zu machen. Und natürlich habt ihr auch andere Leben oder andere Erfahrungen von dem, was wir Leben nennen, aber nicht auf der körperlichen Ebene und nicht auf diesem Planeten.

Wenn ihr also diese wundersame und erweiterte Vorstellung davon, wer ihr seid, betrachtet und irgendetwas, was ihr lernt, lest oder hört, euch suggerieren würde, das ihr weniger als das seid, so ist dies nicht eure höchste Wahrheit.

Wenn irgendetwas auf Angst basiert – und damit meinen wir, Aussagen wie »Du hast so oder so zu sein oder dieses oder jenes zu tun, sonst kommst du nie dorthin, wo du hinwillst oder du wirst nicht erleuchtet« – nun, auch das ist Unfug.

Ihr seid auf der Seelenebene bereits ein erleuchtetes Wesen, das hierhergekommen ist, um diese Erfahrung zu erleben. **Ihr seid machtvolle Lichtwesen. Ihr seid Engel, die für eine kleine Weile hierher gekommen sind, um Menschen zu sein.** Und diese Zeit ist für euer ewiges Selbst wie einmal ein- und ausatmen.

Wenn euch jemand nahelegt, ihr müsstet dieses oder jenes tun, um in den Himmel zu kommen oder erleuchtet zu werden oder so ähnlich, könnt ihr einfach sagen: »Ich ehre dein absolutes Recht auf deinen eigenen Glauben, aber weißt du, das deckt sich nicht mit meiner Wahrheit. Doch danke, dass du das mit mir geteilt hast.«

Wenn etwas auf Angst basiert oder wenn es irgendein ›Sollte‹ oder ›Muss‹ gibt, dann prüft es sorgfältig. Wie fühlt es sich an? Und wenn es sich nicht gut anfühlt, dann ist es nicht gut, zumindest nicht in diesem Moment.

F: *Ja, absolut. Du hast vom Ausdruck der Höchsten Quelle gesprochen, und manchmal sprichst du vom ›Spiegelbild‹, aber du willst damit nicht sagen, dass ›Spiegelbild‹ etwas anderes sei als ›Ausdruck‹, oder? Die Frage kam hier nämlich.*

P'taah: Oh nein. Wir sagen mitunter, ihr seid ein ›Gedanke im Geist der Schöpfung‹. Das ist alles dasselbe. Was wir hier eigentlich sagen ist, dass es nichts gibt, was nicht aus dem Grund existiert, dass es an diesen Funken der Höchsten Quelle angeschlossen ist.

Wisst ihr, jedes Atom und jedes Molekül existiert, wenn ihr so wollt, als eine Erweiterung dieser schöpferischen Kraft, die ihr als Göttin/Gott, Höchste Quelle oder ALLES-WAS-IST etc., bezeichnet.

Wisst ihr, meine Lieben, wenn ihr euch das alles wirklich genau anseht, könnt ihr erkennen, dass die Essenz von euch – das heißt, die nicht-physische Energie in dem Bewusstsein, das ihr jenseits von Zeit und Raum seid – als eine Erweiterung, ein Ausdruck oder ein Spiegelbild der Höchsten Quelle existiert. Nun betrachtet euren Körper und jedes Atom und Molekül, jede Zelle und jedes Organ, aus dem ihr euch körperlich zusammensetzt. Auch sie werden von diesem Schöpfungslicht erleuchtet.

Wie erstaunlich seid ihr also wirklich? Wie erstaunlich ist eure Welt? Schaut euch um. Betrachtet den Stuhl, auf dem ihr sitzt. Er besteht aus Atomen und Molekülen. Betrachtet das Mauerwerk eures Hauses. Betrachtet das Gras auf eurem Rasen. Betrachtet die Textilien, die ihr auf eurem Körper tragt. Seht ihr? Es gibt nichts, das nicht existiert. Alles ist Leben, alles trägt die Natur der höchsten Quelle in sich.

Alles, was existiert. Es gibt nichts, was nicht die Natur der höchsten Quelle in sich trägt. Ganz schön ehrfurchtgebietend, was?
F: *Ganz schön ehrfurchtgebietend, in der Tat.*

Glaube und Gefühl erzeugen Unwohlsein und Krankheit

F: *Wir haben uns über den Körper und Krankheiten unterhalten. Dabei kam die Frage auf, wie man einen Heiler findet?*
P'taah: Werdet still und richtet den Blick nach innen.
F: *Genau. Ich wäre dir jedoch dankbar, wenn du noch etwas näher darauf eingehen könntest.*
P'taah: Gut. Wisst ihr, Medizin hat ihre Berechtigung. Ärzte haben ihre Berechtigung. Heiler haben ihre Berechtigung. Sie heilen, weil ihr daran glaubt, dass sie euch heilen. Was euch von Krankheit und Un-Wohlsein heilt, liegt darin, demjenigen Anteil, der nicht in der Balance ist, zum Wohlsein zu verhelfen.

Euer Körper ist ein perfekter Spiegel. Er zeigt euch das, was ihr euch nicht anschauen wollt, und daher entsteht Krankheit oder Un-Wohlsein. Ihr zieht einen Heiler hinzu und wenn ihr geheilt werdet, so liegt das eigentlich daran, dass ihr geglaubt habt, dass diese Heilung eintreten kann.

Wird dem, was die Krankheit oder das Un-Wohlsein überhaupt erzeugt hat, jedoch nicht Rechnung getragen, so wird der Körper gewissermaßen ziemlich irritiert sein. Und dann wird er den einen oder anderen Spiegel für euch erschaffen müssen, da die mentale und emotionale Verkörperung nicht geheilt wurden.

Was die Krankheit oder das Un-Wohlsein erzeugt, ist ein Glaube und ein Gefühl, welches wiederum eine Emotion ist, die der Glaube über euch hervorgebracht hat. Erst wenn dem Rechnung getragen wird und ihr den Glaubenssatz verändert und das verletzte Herz geheilt habt, – mit anderen Worten, wenn ihr die Angst geheilt habt und die Emotion um die es geht, sei es Wut, Trauer oder etwas anderes – dann entsteht Heilung. Ändert also den Glaubenssatz und seid in einem Zustand des Zulassens und des Annehmens der Situation so wie sie ist, um dann zu sagen: »Es ist in Ordnung so. Es ist in Ordnung. Jetzt sind wir im Jetzt, und jetzt sind wir bereit, das alles völlig zu umarmen und weiterzumachen.« Erst dann seid ihr geheilt.

F: *Also es kommt von innen, nicht von irgendwo anders her.*
P'taah: Absolut, natürlich. Wie könnte es anders sein? **Ihr seid souveräne Götter und Göttinnen. Es gibt nichts außerhalb von euch selbst, außer einem Spiegelbild, das euch zeigt, wer ihr nach eurem Dafürhalten seid.**

F: *Im Folgenden möchte ich gerne eine Frage zum Körpergewicht stellen, die wir erhalten haben:* »*Wie kann ich liebevoll alles annehmen, auch wenn es meinen Körper dazu bringt, übergewichtig zu sein? Und woher bekomme ich die Informationen, die mir dazu noch fehlen?*«

P'taah: Wisst ihr, ihr tragt alle Informationen in euch selbst. Du bist tatsächlich übergewichtig, doch wir möchten uns zunächst anschauen was ihr als ›Übergewicht‹ bezeichnet. Denn wisst ihr, ihr habt eine gesellschaftliche Vorstellung davon, was als schön angesehen wird, was aber wirklich nichts mit eurer Gesundheit und eurem Wohlbefinden zu tun hat. Wenn wir aber über das Thema Gesundheit und Wohlbefinden sprechen, so hast du Übergewicht, weil da etwas aus dem Gleichgewicht geraten ist, verstehst du? Zum einen hast du da einen Glauben und eine Angst, dick zu sein. Du erlebst da eine gewisse Art von Leere, die du mit mehr Essen zu füllen versuchst, als der Körper zur Nahrung braucht. Und du setzt den Körper nicht genug ein, woraufhin er aus der Balance gerät. Und das zeigt dir, was du glaubst, wer du bist. Verändere den Glaubenssatz, und du veränderst die Realität. Es ist erforderlich, dass ihr euch anseht, was ihr glaubt und entsprechend damit umgeht. Verstehst du das?

F: *Ja. Und sehr oft erfüllt Essen das Bedürfnis nach Liebe.*
P'taah: Sehr oft.
F: *Es ist ein Ersatz dafür, dass man …*
P'taah: Wofür auch immer. Ihr versucht etwas zu ersetzen, von dem ihr meint, dass es euch fehlt. **Euch fehlt es nicht an Liebe. Wie kann es euch an Liebe fehlen? Ihr seid Liebe! Lasst euch von Dankbarkeit und Dank für die Liebe erfüllt sein, die ihr seid und dafür, wie viel Liebe ihr auszudrücken vermögt.** Sie kennt keine Grenzen. Es geht dabei um Liebe, nicht darum, euch vollzustopfen, weil ihr euch einen Glaubenssatz nicht näher anseht, der euch nicht mehr dienlich ist.

F: *Wow, das klingt, als wäre es Zeit für einen Abstecher in diesen wundervollen Raum, den wir geschaffen haben, der so wunderschön ist und wo wir diese Dinge wahrscheinlich einfach durchleben und durchatmen können.*
P'taah: Ja.

Wisst ihr, fragt euch jeden Tag: »Liebe ich, wer ich bin? Wer bin ich wirklich? Wie kann ich mehr Liebe praktizieren?« Wisst ihr, das sind wichtige Fragen.

F: Ja, das sind sie, und man braucht wirklich nicht nach draußen zu gehen und irgendetwas zu machen?

P'taah: Nein.

F: Ich meine, man braucht nicht die Welt retten oder immer nett zu anderen Leuten sein?

P'taah: Nein, das braucht ihr nicht. Ihr könnt all das tun, wenn ihr wollt. Ihr könnt es, aber ihr müsst es nicht. Seht ihr, alles, was von euch verlangt wird, ist, dass ihr im Jetzt präsent seid. Es wird nur von euch verlangt, eurem alltäglichen Leben nachzugehen und dabei alles zu sein, was ihr sein könnt. Das ist das, was von eurer Seite erforderlich ist, um erfüllt zu sein.

F: Weißt du, P'taah, es ist so erstaunlich, wie viele dieser Botschaften ich schon gehört habe, und jedes Mal ist es so, als würde es bei einem weiteren kleinen Stück ›Klick‹ in mir machen! Und ich sage: »Ah, ich bin einen Schritt näher daran, mich selbst zu lieben!«

P'taah: Seht ihr, genau darum geht es. Dass es nicht mehr so ein Kampf ist. Es ist ein grandioses Spiel, das ihr da spielt und euer Leben nennt. Wahrlich ein grandioses Spiel.

F: Und es ist wirklich wahr, zumindest in meinem Leben, dass genau so, wie ich es glaube, so wird es mir im Leben gezeigt.

P'taah: Natürlich tut es das.

F: Ob es um Fülle oder Geld oder Liebe geht, es kommt mir einfach so vor, als gäbe es da ein paar kleine Lücken, die ich noch nicht so ganz aufgearbeitet habe. Aber auf den Großteil bezogen, ist es ein ziemliches Wunder.

P'taah: Geliebte, und in diesem Jetzt gerade, wie ist es da?

F: Ein ziemliches Wunder.

P'taah: In der Tat.

F: Wie könnte es etwas anderes sein? Ich rede mit dir!

P'taah: Aha, aber wir sind nur ein Spiegel von euch, meine Lieben. In der Tat. In diesem Jetzt ist es vollkommen und in diesem Jetzt seid ihr ganz und erfüllt. Versteht ihr? Eben das geschieht, wenn ihr auf das Jetzt konzentriert seid. Keine Vergangenheit, keine Zukunft. Jetzt gerade, wie ist es da? Es ist perfekt.

F: Es ist perfekt.

Der Tod ist nicht das Ende

F: *Ich habe zwei Fragen, die mich interessieren würden. Die erste lautet: Sind wir wirklich der einzige Planet des freien Willens im Universum?*
P'taah: Nein.
F: *Okay, dann ist die nächste Frage die, wie es für Menschen dort abläuft, wo es keinen freien Willen gibt, oder für Wesen ohne freien Willen?*
P'taah: Weißt du, das dürfte euch allen sehr vertraut sein.
F: *(Lacht)*
P'taah: Denn, seht ihr, **wenn ihr nicht wisst, dass ihr einen freien Willen habt, habt ihr keinen.**
F: *Wie wahr! Ja, und wir verbringen unser Leben in diesen kleinen Käfigen, in die wir von uns selbst oder der Gesellschaft gesteckt werden.*
P'taah: Ja, das tut ihr. Ihr lebt in den winzigen Schubladen begrenzten Wissens und ihr wisst nicht, dass ihr mächtige, souveräne Wesen seid und dass es euch frei steht, zu wählen, wie ihr in jedem Moment sein möchtet.
F: *Sehr gut. Kommen wir zur nächsten Frage: »Wir warten jetzt schon seit 26.000 Jahren auf diesen Übergang der Erde. Wie kommt es, dass bestimmte Personen, die in Sachen Übergang und Transformation Vorreiter zu sein schienen, sich für den eigenen großen Übergang, d.h. das Sterben, entscheiden, bevor der eigentliche Zeitpunkt dafür auf der Erde gekommen ist? Zum Beispiel Steve Jobs, Jerry Hicks und andere.«*
P'taah: Warum nicht? Es sind übrigens 52.000 Jahre, nicht 26.000.
F: *Ah ja, also doppelt so lange, okay.*
P'taah: Wir ziehen euch hier ein wenig auf. Aber natürlich läuft das alles in Zyklen ab, verstehst du?
F: *Ja.*
P'taah: Ob 12 oder 24 oder 240 etc.
F: *Es spielt keine Rolle.*
P'taah: Es spielt keine Rolle, aber warum nicht? Seht ihr, weil ihr nicht irgendwohin geht, wenn ihr sterbt. Ihr seid weiterhin ein Teil des Ganzen, nur aus einer anderen Perspektive.
F: *Man verpasst also nichts, ganz gleich, wann man sich dazu entscheidet, zu gehen?*
P'taah: Nein, ihr verpasst nichts.
F: *Prima. Gibt es sonst noch etwas, was du gerne mit uns teilen würdest?*
P'taah: Ja, ich würde gerne Folgendes sagen, dass allein schon die Frage aus dem Glauben heraus gestellt wird, dass der Tod das Ende

ist. Und das ist damit gleichzusetzen, dass ihr alle versucht, vollkommen zu sein. Dann hättet ihr es mit so etwas wie einem fertigen Endprodukt zu tun.

Der Tod ist nicht das Ende. Er ist ein Neuanfang. Oder, wie wir sagen würden, eine Fortsetzung des umfassenderen Lebens. Und ihr seid vollkommen. Ihr seid die Vollkommenheit, die sich unendlich entfaltet. Das seid ihr.

F: *Wenn wir das je begreifen würden, wäre diese Welt eine andere.*

P'taah: Ja. Und doch ist sie so, wie ihr sie erschafft, meine Lieben. Und all das ist ein ziemlicher Spaß.

F: *Es ist ein ziemlicher Spaß.*

P'taah: In der Tat.

F: *Danke.*

P'taah: Meine Lieben, reicht es für dieses Mal?

F: *Für mich ja. Ich hoffe, dass es für unsere Zuhörer ebenfalls genug ist.*

P'taah: Oh, ich denke schon.

F: *Es war wirklich wundervoll.*

P'taah: Es ist immer ein solcher Spaß, meine Lieben. Wir danken euch für das, woran ihr uns teilhaben lasst. Und dir und allen, die gerade zuhören, übersenden wir ein herzliches ›Namaste‹. Und lebt bisweilen wohl.

F: *Namaste. Danke, P'taah.*

Sechste Übermittlung

Vom Umgang mit Menschen, die uns tyrannisieren

P'taah: Guten Tag, meine Lieben.
F: *Guten Tag, P'taah.*
P'taah: So, meine Lieben, was haben wir für Themen an diesem Tag eurer Zeit?
F: *Ich habe gerade eine ziemlich schwierige Zeit hinter mir, da ich eine Verwandte zu Besuch hatte, bei der ich ständig ausrasten könnte und sie bei mir auch.*

Und mir ist schon klar, dass das etwas ist, was ich mir näher ansehen sollte, insbesondere warum sie bei mir das Gefühl weckt, absolut unzulänglich zu sein. Aber als ich das tat, hatte ich nicht wirklich den Eindruck, dieses Gefühl einfach in die Arme schließen und »Ja« dazu sagen zu können. Ich war so aufgebracht darüber, dass das Mitgefühl sowohl für sie als auch für mich auf der Strecke blieb. Und zurückgeblieben sind diverse Fragen zu unserer karmischen Verbindung. Warum ist sie die einzige Person auf der Welt, bei der ich so total anecke und umgekehrt? Geschieht das nur, um mir die Chance zu geben, mir die Gefühle anzusehen, die sie in mir heraufbeschwört? Aber wenn ja, warum geschieht es dann nicht auch sonst? Warum ist ausgerechnet sie diejenige, die das hervorruft?

P'taah: Gut. Weißt du, meine Liebe, gewissermaßen könnte man sagen, dass ihr beide über viele Leben hinweg miteinander in Beziehung zueinander standet. Diese waren ganz unterschiedlicher Natur. Einige Beziehungen waren sehr eng und intim, manche auch nur flüchtig. Und oft lebtet ihr quasi auf den gegenüberliegenden Seiten eines Zauns sowohl als nahe Verwandte oder enge Vertraute. Ihr seid also mit Sicherheit schon häufig und lange Zeit in den Genuss gekommen, dieses Spiel miteinander zu spielen. Aber konzentrieren wir uns doch einmal nur auf dieses Leben, was aus unserer Sicht bereits genug ist.

Wir wissen durchaus, wie schwierig es ist, wenn ihr inmitten einer Reaktion seid. Wie schwer es euch dann fällt, zu einem Zulassen,

Annehmen und Bejahen zu gelangen. Weißt du, auf gewisse Weise tut ihr euch damit schwerer, und das ist ziemlich amüsant für uns, wenn es sich nur um ein leichtes frustrierendes Ärgernis handelt, und nicht um die voll entflammte Leidenschaft in der Reaktion. Verstehst Du das?

F: *Ja, das verstehe ich.*

P'taah: Bei dir handelt es sich um eine schon lange andauernde Familiengeschichte. Und wenn du dir ansiehst, wie es euch angesichts der sehr unterschiedlichen Umstände, unter denen ihr aufgewachsen seid, erging, erkennst du, dass es da immer gewisse Verstimmungen gab. Und sie hegt in der Tat eine Abneigung gegen dich, weil es ihr so vorkommt, als würdest du alles so gut auf die Reihe bekommen. Du bist so unabhängig in deinem Denken und emotional viel gefestigter als sie es je gewesen ist und auch je sein wird. Und bei dir hat der Groll exakt die entgegengesetzten Gründe.

Wenn du also einen Schritt zurücktrittst und dir einfach den roten Faden anschaust, der sich durch euer jeweiliges Leben und eure gleichzeitige familiäre Situation zieht, kannst du erkennen, sofern du emotional gerade nicht darin verwickelt bist, wie es kommt, dass ihr quasi schon immer aneinander geratet.

Wie kannst du also heute damit umgehen? Nun, du weißt, was du da machen kannst. Es kommt lediglich darauf an, das Ganze zuzulassen. Und wir würden sagen, wenn du wirklich einen Schritt zurücktreten und den roten Faden erkennen könntest, würde dich das alles ziemlich belustigen.

F: *Ich kann mir schon vorstellen, dass es so sein kann, und ich würde mir ja wünschen, dass ich etwas mehr Abstand davon bekommen könnte. Das ist es nämlich, warum mich das Ganze so nervt. Und ich denke, noch etwas, was mich daran so nervt, ist, dass egal wie ich die Situation eigentlich sehen sollte (lacht), betrachte ich sie immer so, dass es mir so vorkommt, als würde sie nach mir suchen. Irgendetwas scheint sie von mir zu wollen. Warum sollte sie sonst immer wieder zu mir kommen und für eine ganze Zeit bleiben? Und dann kann ich versuchen, was ich will, um ihr das zu bieten, was sie von mir zu wollen scheint. Das versuche ich auf vielen verschiedenen Ebenen. Aber immer wieder ist da etwas, was sie will und was ich ihr nicht geben kann. Es zehrt also völlig an meiner Energie. Und ich weiß nicht wirklich, was ich da machen kann, weißt du?*

P'taah: Frage sie, was sie will.

F: *Ich bin nicht einmal sicher, ob sie das selbst weiß.*

P'taah: Nun ja, nur wenn du die Mauern abbauen kannst, kannst du den Raum dafür schaffen, dass sie das vielleicht für sich auslotet.

F: *Ja. Und ich schätze, der andere Punkt ist diese Sache mit dem Mitgefühl. Denn ehrlich gesagt habe ich nicht einmal wirklich das Gefühl, dass ich überhaupt etwas von ihr will. Ich wäre ganz froh und zufrieden damit, wenn sie es sein ließe, immer wieder in meinem Leben aufzutauchen. Und doch will ich nicht, dass sie das zu spüren bekommt oder weiß. Ich fühle mich deshalb schlecht, weißt du? (Lacht)*

P'taah: Na gut, dann könntest du ihr auch sagen, dass du nichts von ihr willst, dass sie aber schließlich zur Familie gehört und sie dir deshalb etwas bedeutet. Denn sie ist dir ja nicht gleichgültig. Tief im Innern ist sie dir nicht gleichgültig, also könntest du ihr das sagen. Nach dem Motto: »Was willst du von mir, das ich dir anscheinend nicht bieten kann? Und warum kommst du immer wieder zu mir, wenn es dir ja offenbar nicht viel Freude macht und mir natürlich auch nicht?«

Weißt du, meine Liebe, immer wenn du ehrlich damit umgehen kannst, was gerade bei dir geschieht, kannst du eine Lösung finden. Und indem du dich so angreifbar machst und ihr gegenüber ehrlich bist, gibst du ihr gleichzeitig den Raum, es für sich herauszufinden und sich anschließend dir gegenüber ehrlich zu zeigen.

F: *Ja, damit tue ich mich schon schwer. Ich meine, auf einer gewissen Ebene bin ich bereit, ehrlich zu sein. Etwa als ich bemerkte, dass ich ihre Wünsche nicht erfüllte und ihr nicht gab, was sie wollte. Da sagte ich ihr: »Na ja, weißt du, mir fällt es schwer, der Mensch zu sein, der ich in deinen Augen wohl sein müsste.« Aber mich dann wirklich so angreifbar zu machen, dass ich sage: »Sieh mal, ich weiß nicht, was du eigentlich willst und ich weiß auch nicht, ob ich dir das geben kann« – da habe ich beinahe Angst davor.*

P'taah: Ja.

F: *Es ist die Angst davor sie auch zurückzuweisen, wenn sie mich zurückweisen sollte. (Lacht)*

P'taah: Nun, weißt du, Geliebte, nur indem du dich auf diese Weise aus der Deckung traust, kann es für dich weitergehen.

F: *Ja. Ich glaube, ich muss einfach einmal darüber nachdenken.*

F (zweite Person): *Bei Leuten aus der eigenen Familie kann ich das noch verstehen. Aber ich habe zwei Kolleginnen, bei denen genau dasselbe abläuft. Die eine hackt ständig auf der anderen herum und es ist die gleiche Art von Beziehung. Aber wenn Menschen absolut nicht auf ›diese Esoterik-Themen‹ abfahren, gibt es da überhaupt Hoffnung für sie?*

P'taah: Ja, gibt es. Unabhängig davon auf welcher Ebene ihr euch befindet – und wir sprechen hier nicht unbedingt von einer spirituellen Reise –, müssen die Menschen zu dem Punkt kommen, Verantwortung zu übernehmen. Das ist ganz praktisch und logisch und würde nicht unbedingt unter diesen ›mystischen Hokuspokus‹ fallen, wie ihr es gerne nennt.

Letztlich läuft es für alle darauf hinaus, ganz gleich, wo sie sich auf ihrer Reise gerade befinden, dass sie selbst dafür verantwortlich sind, wie es ihnen im innersten Sein ergeht. **Solange ihr noch nicht die Verantwortung übernehmt für eure Gefühle, eure Gedanken und eure Überzeugungen und sie nicht ganz in Besitz nehmt, werdet ihr kein glückliches Leben führen oder die Gelegenheit dazu bekommen.**

F: *Wenn die eine Kollegin also die andere attackiert, die übrigens eine Freundin von mir ist, so muss sie einfach für sich einstehen und so etwas sagen wie:* »*Ich verstehe, dass du dieses Gefühl hast, aber das ist nicht meine Wahrheit und wir können so nicht weitermachen.*«

P'taah: Absolut. Und sie kann ergänzen: »Das hat nichts mit mir zu tun. Sondern mit niemand anderem als mit dir. Und ich will mir dein Verhalten so wirklich nicht mehr bieten lassen.«

F: *Wow! Das gefällt mir super, P'taah. Ich weiß nicht, ob irgendjemand den Mut dazu aufbringen würde, aber ich finde es klasse.*

P'taah: Na, siehst du, ist das nicht die Wahrheit?

F: *Es ist absolut die Wahrheit!*

P'taah: Ja, und auf eine gewisse Weise kann es leicht passieren, dass ein Mensch mit einer etwas stärkeren Persönlichkeit andere tyrannisiert, wenn man ihn nicht für sein Verhalten zur Rechenschaft zieht, nicht wahr?

F: *Ja.*

P'taah (zur ersten Person): Also, meine Liebe, da du in deiner wunderschönen Rolle eine herausragende Wirkung hast, kann es sehr leicht vorkommen, dass Menschen übersehen, dass du in Wirklichkeit offen und verletzlich bist. Das musst du sehen.

Wenn du einfach offen genug sein könntest, um zu sagen: »Was willst du eigentlich von mir, dass du dieses Verhalten an den Tag legst, was keinem von uns beiden hilft und uns beide unglücklich macht?«

F: *Ja, auf einer Seite scheint sie so ein sensibler Mensch zu sein. Aber Tatsache ist, dass ich finde, dass ich diejenige bin, die damit auf eine gewisse Weise tyrannisiert wird.*

P'taah: Genau so ist es.

F: *Sie sagt mir, dass ich unsensibel für ihre Bedürfnisse sei und dass ich dieses oder das nicht täte. Und auf der anderen Seite scheint sie verzweifelt auf spirituelles Wissen aus zu sein. Es ist so, als wolle sie mir geradezu das Blut aus den Adern saugen, indem sie immer mehr will und mich mit Fragen nur so löchert. Und dann ist sie wütend auf mich, weil sie es nicht wirklich versteht. Und das ist der Punkt, bei dem ich nicht weiß, was ich tun kann.*

P'taah: Weißt du, meine Liebe, du kannst ja ohne Weiteres sagen: »Du hast Zugang zu allen Informationen, die mir selbst zur Verfügung standen und aus denen ich gelernt habe. Und jetzt ist es an dir, weiterzuforschen und dich selbst auf Entdeckungsreise zu begeben. Und ich möchte darüber mit dir nicht mehr diskutieren.«

F: *Ja.*

P'taah: »Und wenn dir das nicht gefällt, dann gefällt es dir eben nicht, fürchte ich.«

F: *Ja. Da ist auch dieses Unvermögen, mich zu behaupten. Ich denke, dass es vielleicht mein inneres Gefühl widerspiegelt.*

P'taah: Nun, natürlich ist es so.

F: *Das Gefühl, nicht gut genug zu sein, weißt du?*

P'taah: Ja, natürlich tut es das, Liebe.

F: *Ich denke, auch in diesem Punkt bin ich größtenteils schon besser geworden. Aber mir ist aufgefallen, dass ich bei den Blütenessenzen, die ich ja einnehme, über lange Zeit hinweg Essenzen genommen habe, die gut gegen Machtlosigkeit oder Ohnmachtsgefühle sind und ich jetzt plötzlich wieder diejenigen brauche, die bei dem Gefühl helfen, nicht gut genug zu sein. Es ist so, als komme ich wieder dazu zurück und jetzt werden auch einfach noch mal andere Bereiche aufgedeckt.*

P'taah: Ja. Und weißt du, Geliebte, sei sanft im Umgang mit dir selbst.

F: *Ja.*

P'taah: Wenn du behutsam mit dir selbst umgehst, geht es dabei auch darum, diese Art von emotionaler Tyrannei nicht zuzulassen.

F: *Weißt Du, da gibt es einen Teil in mir, der so etwas nicht sagen möchte und denkt, ich wäre dann gemein. Ist das so? Bin ich dann nicht gemein?*

P'taah: Nein.

F: *Weißt du, ich frage mich auch, ob meine Wahrnehmung wirklich dem entspricht, was da gerade passiert? Weil mir dabei schlecht wurde. Daraufhin dachte ich mir, dass diese Übelkeit wie meine eigene Angst ist. Und dass ich wirklich nichts anderes tun kann, als mir anzuschauen, an welchen Punk-*

ten ich mich nicht gut genug fühle. Aber das hat mich bisher nicht so recht weitergebracht, da es einen kleinen Anteil in mir gab, der sagte: »Es geht ja nicht nur dir so«, weißt du?

P'taah: Oh, Geliebte, es ist natürlich etwas gemeinsam Erschaffenes.

F: *Ja, ja.*

P'taah: Und es ist sehr gut, dass du Verantwortung dafür übernimmst, wie es dir damit ergeht. Aber weißt du, dir selbst treu zu sein bedeutet auch, dich zu behaupten und die zu sein, die du wirklich bist. Und sagen zu können: »Das ist für mich nicht akzeptabel.«

F: *Ja.*

P'taah: Dann kannst du fortsetzen: »Ich tue sehr gerne, was ich kann, um dir behilflich zu sein, aber ich wüsste wirklich gerne, was du willst, da ich es offenbar nicht begreife.«

F: *Ja. Ich denke, das ist der Schlüssel. Wirklich, genau das ist ja die Frage, weißt du: »Wenn du unzufrieden mit dem bist, was ich dir anbiete, was willst du denn stattdessen?«*

P'taah: Ja. Und dann überlässt du es ihr, siehst du?

F: *Ja, das hilft mir sehr.*

Und da ist sogar ein gewisser Zusammenhang zwischen dem, was du früher gesagt hast und meinen anderen Fragen. In letzter Zeit habe ich nicht nur von Menschen gelesen, die sich durch ›Rückführung‹ in frühere Leben begeben, sondern mir ist auch ein interessantes Buch in die Hände gefallen, in dem jemand Menschen mit einer Art Rückführung in zukünftige Leben führte. Aber was mich zwischen der Vergangenheit und der Zukunft interessierte, war die Tatsache, dass Menschen immer wieder in unserem Leben auftauchen bis wir die Themen in uns alleine gelöst haben oder gemeinsam mit denen, die uns ein Spiegel sind.

Ich möchte noch einmal bezugnehmen auf die Frau, von der du mir gesagt hast, dass ich schon viele Spiele mit ihr gespielt hätte und sie schon in vielen Situationen kennenlernen konnte. Die Frage, die mir dabei kommt, bezieht sich darauf, dass ich in meinem Freundeskreis viele Leute kenne, die in letzter Zeit feststellen, dass sie mit ihrer eigenen Vergangenheit und Menschen aus ihrer Vergangenheit konfrontiert werden. Sie sind vielleicht fünfzig Jahre lang nicht mehr in ihrem Leben aufgetaucht und plötzlich sind sie da. Ist das etwas, das speziell mit der Bewusstseinsveränderung zu tun hat, die wir derzeit durchlaufen?

P'taah: Ja, hat es. Dadurch wird für diejenigen unter euch, die es mitbekommen, quasi eine Chance geschaffen, etwas abzuschließen oder sich auch neue Wege zu erschließen. Da euch das Universum immer voll und ganz unterstützt, liegt dort, wo ihr im Herzen ein Verlangen nach einer gewissen Lösung oder einem Herzenswunsch habt, eine Gelegenheit, entweder alleine oder gemeinsam Möglichkeiten zu erschaffen, um mit etwas abzuschließen, etwas fortzusetzen oder aber ein ganz anderes Szenario neu zu kreieren. Es geht einfach darum, zu verstehen, dass ihr, während ihr euch auf das Portal und damit auf Möglichkeiten von erweitertem Bewusstsein und Gewahrsein zubewegt, ja gewissermaßen noch eure ganzen Möglichkeiten nachholen möchtet, die ihr vorher vielleicht nicht umgesetzt habt. Kannst du damit etwas anfangen?

F: *Kann ich. Absolut. Auch in Bezug auf die Frau, mit der ich Schwierigkeiten gehabt habe. Am Ende ihres Aufenthalts habe ich zu ihr gesagt: »Ich bin mir sicher, dass auch unsere Schwierigkeiten karmisch sind.« Und sie antwortete: »Ja, da bin ich auch sicher.« Und ich habe das Gefühl, dass jetzt vielleicht die Zeit gekommen ist, wo wir das auf irgendeiner Ebene vielleicht auflösen können, weißt du?*

P'taah: Dem würden wir zustimmen.

Sexualität auf Augenhöhe und mit Respekt

F: *Ein Thema, das mich beschäftigt, ist, dass ich in meiner Jugend sexuell sehr promiskuitiv gewesen bin, und ich denke, dafür habe ich mich ziemlich geschämt. In letzter Zeit stieg die ganze Erinnerung daran wieder auf, die ich quasi einfach unter den Teppich gekehrt hatte, weil ich mich mit diesem ganzen Teil meines Lebens nicht wirklich befassen wollte. Und anfangs fühlte ich mich ziemlich schlecht wegen des Ganzen, dann aber wurde mir mit Hilfe von Gesprächen klar, dass genau diese Art von kreativer Energie, ja einer Fülle von kreativer Energie, die ich da in meiner Jugend hatte und die ich in sexuelle Kanäle umgeleitet habe, kein Grund ist, sich zu schämen und dass dagegen letztlich gar nichts einzuwenden ist.*

P'taah: Nein. Weißt du, meine Liebe, zunächst einmal Folgendes: Genau deshalb sagen wir, dass Sexualität wichtig ist. Weißt du, da in letzter Zeit Erkrankungen in Verbindung mit Sexualität grassieren und da man Menschen so sehr dafür verurteilte, an derartigem erkrankt zu sein, schlug sich dies auch in einer Verurteilung von Sexualität im Allgemeinen nieder. Nun würden wir dich einmal fragen, Geliebte: »Hat es Spaß gemacht?«

F: *Nicht immer. Aber das Gefühl, das mich dazu antrieb, war durchaus die Suche nach Spaß.*

P'taah: Ja, eben. Schau mal, lass uns hier ganz konkret werden. Ihr alle seid, wie wir viele Male gesagt haben, sexuelle Wesen. Von der Zeit eurer Geburt bis zum Zeitpunkt eures Todes, ob ihr sexuell aktiv seid oder nicht.

Nun, Sex ist dazu gedacht, Vergnügen zu bereiten. Es ist erlaubt, dabei richtig Spaß zu haben. Und es ist erlaubt, damit spielerisch umzugehen. Warum du diese Scham verspürt hast, hatte nichts mit dem zu tun, was du da gemacht hast. Eher mit der gesellschaftlichen Verurteilung von derartigem, würden wir sagen.

Von daher ist es eine schöne Sache, dass du erkannt hast, dass diese kreative Energie und in gewisser Hinsicht auch diese Suche ein Weg junger Menschen ist, sich selbst und das Leben zu erforschen. Und das ist eine sehr starke kreative Kraft.

Nun weißt du ja: Bei jungen Männern betrachtete man es in eurer Gesellschaft als ziemlich normal, sich die ›Hörner abzustoßen‹. Aber natürlich gilt das nicht für die Frau wegen der möglichen Folgen, vor allem einer Schwangerschaft und so weiter. Und wir müssen keinem von euch sagen, worin diese Verurteilungen in eurer Gesellschaft bestehen oder bestanden, obwohl sie heute abgenommen haben.

Auf eine gewisse Weise jedoch ist eure Gesellschaft zu dieser recht puritanischen Vorstellung von Sex und Sexualität zurückgekehrt. Wie schon gesagt, geht vieles davon auf Krankheiten zurück. Wir würden auch sagen, dass es viele gibt wie dich, Geliebte, die in ihrer Jugend höchst promiskuitiv und sexuell sehr aktiv gewesen sind und heute in ihrem Leben an dem Punkt stehen, das zu bereuen. **Wir bitten euch eindringlich, nicht diesem kollektiven Bewusstsein in eurer Gesellschaft zum Opfer zu fallen, dass man sich dafür schämen solle. Stürzt euch ins Leben und habt euren Spaß. Tut es nur einfach bewusst und seid euch darüber im Klaren, aus welchen Gründen ihr wieviel Sex habt.** Und solange ihr es mit Freude und Kreativität tut und euch selbst treu bleibt, sagen wir: Tut es. Wirklich.

F: *Ja. Ich denke, schwierig wird es natürlich dann, wenn unsere pervertierten Vorstellungen von Sex Krankheiten nach sich gezogen haben, wie du sagst. Obwohl das ja nachgelassen hat. Mittlerweile hat sich da schon eine Menge getan, zumindest in der westlichen Welt.*

P'taah: Ja, natürlich hat es das, und man hat heute ein anderes Verständnis gewonnen. Wir würden sagen, dass trifft auch auf die

Sexualität zu. Ihr könnt eure Sexualität nicht von euch trennen. Sie ist absolut ein wesentlicher Bestandteil eures Seins.

Und alles, was da an Wertungen, an Themen, an emotionalen und intellektuellen Vorstellungen und Reaktionen rund um Sex in eurem Leben vorhanden sein mag, zeigt sich darin, wie ihr sexuell agiert. Und, weißt du, solange ihr bezogen auf jede Facette eures Lebens alles sein könnt, was euch auch nur irgend möglich ist, auch bezogen auf eure Sexualität, seid ihr gesund.

Die meisten von euch würden andere Menschen in eurer Gesellschaft in ihrem alltäglichen Umgang nicht so behandeln wie sie selbst behandelt werden wollen. Doch ihr würdet es tun. Das ist ehrenhaft. Ihr würdet alle mit Achtung und Respekt behandeln. In Anerkennung der Göttlichkeit und Souveränität aller Menschen und des korrekten Umgangs in Beziehungen. Und wenn ihr diese Wahrheit und diese Ehrenhaftigkeit, wie wir sagen würden, in jeden Umgang hineinbringen könnt, auch in eure Sexualität, dann seid ihr auf der richtigen Spur.

F: *Ist jetzt die Verbindung weg? P'taah? Hallo? Noch jemand da? (Technische Schwierigkeiten)*

F: *P'taah, das Urteil über das, was wir da besprechen, muss vernichtend ausfallen, weil die Verbindung jetzt schon wiederholt abgebrochen ist.*

P'taah: Oh. Das war in Ordnung, meine Liebe. Alles ist immer perfekt, weißt du.

F: *Das stimmt absolut. Okay, ich lasse dich einmal fortfahren.*

P'taah: Wie wir ja gerade gesagt haben: Ihr befindet euch im Portal, und das ist eine so wundervolle Chance für euch alle, euch euer Leben wirklich anzusehen und das näher anzuschauen, womit ihr euch nicht so wirklich wohl fühlt. Das alles zu würdigen, zu akzeptieren und innerlich »Ja« dazu zu sagen.

Weißt du, für die Sache mit der Sexualität ist die Zeit jetzt reif. Schau dir an, inwieweit du von diesen, wie wir sagen würden, oberflächlichen Wertungen der Gesellschaft beeinflusst bist, die eigentlich nichts damit zu tun haben, wer du wirklich bist und die auch nichts mit deinem Herzen und der Erfüllung deiner Herzenswünsche zu tun haben. Was auch immer deine Herzenswünsche sind, lebe dein Leben mit Achtung und Respekt vor allen Menschen, allen Lebewesen und dem Ganzen.

F: *Ja. Und ich muss sagen, als mir einmal die Frage gestellt wurde, ob ich diese sexuelle Energie spüren könne ohne dass da Wertungen oder Scham in mir aufsteigt, und wie sich diese Energie anfühlt, musste ich antworten, es käme am ehesten an einen Zustand des Nichtgetrenntseins heran. Ich meine diese riesige, ausdrucksstarke Leidenschaft, das war Gott/Göttin pur, AL-LES-WAS-IST.*

P'taah: Ja.

F: *Es war unglaublich, wie sie durch den Körper hindurchströmte. Vielleicht ist das ja auch der Punkt, der uns Angst macht. Und außerdem ist sie schon dazu benutzt worden, Macht auszuüben und da hört dann der Spaß auf. Wenn versucht wurde, uns darüber zu manipulieren und all das.*

P'taah: Genau.

F: *Und ein weiteres Element, das heute hinzukommt, ist natürlich, dass sich die Kulturen heutzutage so sehr vermischen. Ich habe zum Beispiel in England mehrere Artikel gelesen, die davon handelten, dass Londoner Ärzte mittlerweile so viel mit weiblicher Genitalverstümmelung und Ähnlichem konfrontiert sind, weil wir inzwischen ein solches Gemisch von Kulturen haben. Zuvor hatten sie noch nie damit zu tun.*

Es gibt auf der einen Seite Menschen, die in Angst und Schrecken leben und auf der anderen Seite jene, die damit Macht und Kontrolle ausüben. Und dann haben wir noch diejenigen unter uns, denen sozusagen die Augen dafür geöffnet wurden, was da eigentlich abläuft. All das existiert irgendwie nebeneinander her. Es ist wirklich eine sehr interessante Zeit.

P'taah: Das ist es. **Und je mehr von all dem ans Licht gebracht wird, desto schneller lässt es sich transformieren. Denn solange derartiges im Verborgenen bleibt, musst du wissen, fault und gärt es vor sich hin.**

F: *Ja, und in meinem Fall gelang mir zwar nicht so sehr die Transformation, aber ich konnte das, was diese Energie für mich war, annehmen und sehen, dass ich die Scham, die mich damals überkam, von anderen übernommen hatte. Jetzt kann ich mir das Verhalten anderer anschauen und klarer die Schönheit daran sehen, statt sie mit genau demselben beschämenden Blick zu betrachten. Und das hilft dann, die Scham zu transformieren.*

P'taah: In der Tat. Sehr gut, meine Liebe.

F: *Danke. Das ist eine richtig schöne Überleitung zu der nächsten Frage, die hier angekommen ist. Denn da fragt jemand etwas zu seiner Sexualität. »Könnte P'taah bitte etwas näher beleuchten, was es damit auf sich hat, eine Transgender-Person zu sein? Ich bin männlich, aber ich habe schon immer das Verlangen gehabt, auch die weibliche Seite auszudrücken. Ich habe das Gefühl, dass das Männliche und Weibliche sich in meinem Leben die Waage* *halten, aber gleichzeitig kommt es mir auch so vor, als würde ich in kein Geschlecht so richtig hineinpassen.*

Ich weiß, dass ich das Leben leben kann, ohne die Antwort hierauf zu haben, aber diese Frage kommt mir so oft in den Sinn und es wäre interessant, einmal zu hören, was P'taah zu diesem Thema zu sagen hat.«

P'taah: Nun, weißt du, wir sagen ja immer, dass es in Wahrheit so ist, dass ihr in euren menschlichen Grundanlagen gewissermaßen bisexuell geschaffen wurdet. Nun geht es darum, dich sexuell damit wohlzufühlen, wer du bist und dir zu erlauben, dass diese Gefühle deine Sexualität zum Ausdruck bringen wie auch immer du willst.

Was die Balance zwischen Männlichem und Weiblichem anbelangt, so wünschen wir uns wirklich für euch alle, dass ihr euch einfach davon leiten lasst, wie es sich anfühlt, was euch interessiert oder fasziniert und wie ihr am besten ausdrücken könnt, wer ihr nach eurem Gefühl zum jeweiligen Zeitpunkt seid. Und häufig ändert sich das. Männer und Frauen sind von Grund auf bisexuell und gelangen dann zu dem Entschluss, dass sie eine Präferenz für dieses oder jenes haben. Es ist eine Präferenz.

Wisst ihr, was das umfassendere Bild betrifft, so ist das einzig Wichtige, dass Beziehungen jeglicher Art von Achtung, Respekt, und von Liebe geprägt sind. Und wir würden sagen, dass das Einzige was unangemessen wäre, ist, wenn euch der andere gleichgültig ist und das Herz nicht berücksichtigt wird. Deutlicher können wir dazu wirklich nicht werden.

Wenn eure Sexualität ein Ausdruck von Liebe ist, ist sie wahrlich etwas Erhabenes. Doch sie darf auch einfach nur zum Spaß stattfinden. Und mit wem du dabei spielst, spielt keine Rolle, solange es beiden Spaß macht. Und solange es auf Augenhöhe geschieht. Das ist wichtig, dass es auch auf Augenhöhe geschieht. Und wenn es auf Augenhöhe geschieht, ist es nicht unpassend.

F: *In dieser Frage stecken noch weitere, die ich dir noch nicht gestellt habe, aber das würde ich jetzt gerne tun. Die nächste bezieht sich im Grunde auf das Karma. Denn ich entnehme dieser Frage und ich kenne es auch aus meinem eigenen Leben, dass Transgender und Homosexuelle es nicht immer leicht haben damit.*

P'taah: Nein, haben sie nicht.

F: *Und für diesen Fall hat der Fragesteller noch zwei weitere Fragen. Bei der einen möchte er wissen, ob die Tatsache, dass Menschen wie er, die in diesem Leben Transgender-Persönlichkeiten sind, karmisch damit zusam-*

menhängt, so viele frühere Leben als Frau verbracht zu haben? Hat das einen Einfluss darauf, dass sie sich heute weiblich statt voll und ganz männlich fühlen? Das wäre Frage Nummer eins.

P'taah: Ja, das ist eine Möglichkeit. Wenn es für euch leichter zu verstehen ist, wenn man sagt, dass es an früheren Leben liegen könnte und dass da ein Hang zum einen oder anderen Geschlecht vorliegt oder dazu, sich selbst als Transgender auszudrücken, würden wir sagen, dass diese Möglichkeit besteht. Wenn es dadurch leichter wird, etwas zu akzeptieren oder zu verstehen, dann ist es in Ordnung solche Fragen nach der Geschichte zu stellen, obwohl wir auch sagen, dass die ganze Geschichte auf eine gewisse Weise gar keine Rolle dabei spielt.

F: *Ja, dem kann ich folgen. Und bei der anderen Frage geht es darum, ob ihr Anderssein mit Blick auf das Transgender-Dasein anderen Menschen in ihrem Leben helfen kann? Ich schätze einmal, der Fragesteller hätte gerne eine Bestätigung dafür.*

P'taah: Nun, in Wirklichkeit ist ja keiner von euch von den anderen getrennt. Je mehr ihr an den Punkt kommt, euch zu akzeptieren und zu lieben, wie ihr seid und frei von Scham leben zu können und für euch anzuerkennen, dass dieses Wesen, das ihr seid, ebenso göttlich ist, wie alles andere in eurem Dasein, desto mehr fließt das natürlich in den kollektiven Bewusstseinspool ein. Und je mehr von euch lernen können, sich damit wohlzufühlen, wer sie sind, desto mehr helft ihr dadurch natürlich bei dieser Transformation. Auf jeden Fall.

F: *Danke, P'taah. Ist noch Zeit für weitere Fragen? Ich weiß nicht, wie es mit deiner Zeit aussieht.*

F (Gastgeber): *Ich denke, wir haben ziemlich genau eine Stunde hinter uns. P'taah, wie fühlt es sich für dich an?*

P'taah: Ja. Wir würden sagen, wenn ihr noch weitere Fragen zur Sexualität habt, wäre das jetzt der Zeitpunkt, sie zu stellen. Das wäre gut. Weil wir das Gefühl haben, dass das wirklich ziemlich wichtig ist. Und das kann auch jetzt unser Gesprächsthema sein.

F: *Ich habe eine Frage. Was auch immer sich da mit unserem Partner oder unserer Partnerin abspielt, ist also okay, solange Liebe und Respekt da sind. Was ist, wenn man keinen Partner hat?*

P'taah: Worauf willst du hinaus?

F: *Masturbation und so.*

P'taah: Ach so. Liebe, es ist dein Körper! Du machst, was du willst.

F: *(Lacht) Das gefällt mir.*

P'taah: Oh, in der Tat. Euer Körper ist dazu gemacht worden, Genuss zu erleben. Das gehört mit dazu, so einen Körper zu haben. Ihr genießt den Sonnenuntergang und Sonnenaufgang. Ihr genießt den warmen Windhauch, der über eure Wangen streicht. Ihr genießt den Duft der Blüte. Ihr hört schöne Musik. Und all das tut ihr über euren Körper, wisst ihr.

Und euer Körper ist so angelegt, beim Sex eine neurologische Explosion von Lust und Vergnügen zu erfahren, ob mit jemandem zusammen oder nicht. Das Einzige, worauf es hierbei ankommt, ist die Balance und wie es sich anfühlt. Ist es ein gutes Gefühl? Nimmt es euch die Vorstellung von Scham oder die Vorstellung, dass dieses oder jenes falsch sei? Und wie fühlt es sich in eurem Herzen an?

Seht ihr, wir würden sagen, dass die Dinge dann nicht in der Balance sind, wenn zum Beispiel Menschen nicht auf Augenhöhe miteinander sind. Oder wenn sich Menschen zu dem hingezogen fühlen, was ihr Pornografie nennt, kann es auch zu einem Ungleichgewicht kommen und tut es auch sehr oft. Hierbei haben wir es mit dem neurologischen Phänomen zu tun, dass in dem Moment, wo der Körper erregt und seine Lust geweckt wird, gewissermaßen das Gleichgewicht dahingehend gestört wird, dass der Körper immer extremere Reize braucht, um erregt zu werden. Und das mündet dann in etwas, das ihr Perversion nennen würdet oder sadistisch oder was auf jeden Fall nicht in Achtung, Respekt oder Liebe erfolgt.

F: *Absolut.*

P'taah: Seht ihr, es geht also darum, dass jeder von euch wirklich in sein Herz schaut und weiß, denn ihr wisst es durchaus. Ihr wisst allesamt was gut ist und was nicht. Und wir meinen hiermit, dass ihr euch von den Vorstellungen befreit, die ihr eure religiöse oder gesellschaftliche Bewertung eurer Sexualität nennt. Denn niemand von euch weiß hierüber wirklich viel. Biologisch seid ihr aufgeklärt, aber emotional oder auch intellektuell seid ihr es gewissermaßen nicht wirklich, wenn es um Sexualität geht. Und das Herz findet dabei für eure Begriffe in der Gesellschaft sicherlich auch noch keine Berücksichtigung. Wenn ihr in der Balance seid, fühlt es sich gut an. Wenn ihr jedoch nicht in der Balance seid, dann nicht.

F (Gastgeber): *Hervorragend. Danke. Gibt es noch irgendwelche letzten Fragen?*

F: *Ich denke gerade noch nach, doch es ist die gleiche Frage, die du schon hattest. Nur weniger auf Sex ohne einen Partner bezogen, sondern eher auf* *den natürlichen Verlauf dieser Energie nach den Wechseljahren oder beim Mann, wenn er ab einem gewissen Alter nicht mehr den Drang nach Sexualität verspürt.*

Wir beschäftigen uns so oft mit dem Wunsch, dass der Sexualtrieb als solcher möglichst lange erhalten bleiben soll, doch wenn wir diese Energie einfach so fließen lassen würden, wie es für sie natürlich ist, würde sie in alles Mögliche fließen, nicht wahr, P'taah?

P'taah: Ja, das würde sie und das tut sie auch, ja.

F: *Und an einem gewissen Punkt fließt sie in die Kreativität oder in die Familie. Ich habe das Gefühl, dass wir in unserer Vorstellung Liebe und Sex miteinander verknüpfen.* **Wir meinen, dass Sex schlecht sei, wenn dabei keine Liebe im Spiel ist. Das ist bei uns auch so ein Missverständnis.**

P'taah: Genau das sagen wir damit ja, dass da keine Liebe im Sinne einer verbindlichen Beziehung sein muss. Aber das Herz muss beteiligt sein, damit das erfüllt wird, was euer Herzenswunsch ist.

F: *Absolut. Ja. Ich verstehe. Und dass es in keiner Hinsicht für jemanden Unannehmlichkeiten oder gar Schmerz mit sich bringt.*

P'taah: Absolut. An dem Punkt kommt der Respekt ins Spiel. Da kommt auch der Gedanke ins Spiel, dass es auf Augenhöhe stattfinden soll. **Was zum Beispiel unangemessen ist, das sind Erwachsene, die sexuell mit Kindern aktiv sind. Wir würden sagen, das ist keine ehrenhafte Beziehung und keine Beziehung auf Augenhöhe.**

F: *Und woher kommt der Missbrauch katholischer Priester an Kindern? Kommt das gewissermaßen daher, dass die Priester mit ihrer schöpferischen Energie nicht zurechtkommen?*

P'taah: Richtig.

F: *Sie haben sich gesagt: »Gut, Sex dürfen wir nicht haben«, und dann haben sie ihre Energie in falsche Bahnen gelenkt, so dass ein pervertiertes Ventil für sie entstand.*

P'taah: Ja.

F: *Was so viel Schmerz verursacht.*

P'taah: Ja. Natürlich. Wisst ihr, es werden auch so oft junge Menschen verurteilt, die eine sehr starke sexuelle Energie haben, aber offiziell noch als Kinder gelten. Weil sie es lieben, damit zu spielen und ihre Sexualität zu erforschen. Das könnte ja geschehen, ohne dass es verurteilt wird. Aber natürlich nicht mit denen, die diese Situation missbrauchen würden, verstehst du?

F: *Ja, absolut. Ich denke, viele tun sich schwer damit, wenn sie etwas sehen, was eigentlich ein ganz natürliches Erkunden von Sexualität ist und das kann dann missbraucht werden.*

P'taah: Und das gilt für Mädchen wie auch für Jungen.

F: *Absolut. Ich meine, mir hat man schon ganz früh beigebracht, mich dafür zu schämen, wenn ich mich ganz natürlich anfasste oder was auch immer. Und wenn man dann in so frühen Jahren dazu gebracht wird, solche Scham zu empfinden, hinterlässt es, wenn man Pech hat, lebenslang Narben.*

P'taah: Ja. Das tut es. Genau. Dies ist das Zeitalter der Aufklärung. Dabei geht es darum, sich all diese Themen anzuschauen und zu einem tieferen und umfassenderen Verständnis mit Mitgefühl zu gelangen. Und um einander gewissermaßen zu helfen.

F: *Ja.*

P'taah: Und ihr helft einander, indem ihr offen seid, indem ihr über das sprecht, was gerade abläuft und wie ihr damit umgehen könnt.

F: *Ganz herzlichen Dank, P'taah.*

P'taah: Gut, meine Lieben. Genug für heute.

F: *Ich glaube ja.*

P'taah: Und wir danken euch sehr für dieses höchst faszinierende Gespräch. Und in freudig erregter Erwartung des nächsten Jetzt, in dem wir wieder miteinander sprechen können, übersenden wir euch mit der größten Liebe ein Namaste.

F: *Namaste. Danke, P'taah.*

P'taah: Lebt wohl.

Siebte Übermittlung

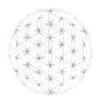

Die Angst im Jetzt fühlen und umarmen

P'taah: Meine Lieben, guten Tag.

F: *Guten Tag, P'taah.*

P'taah: Also, meine Lieben, was machen wir heute an diesem Tag eurer Zeit?

F: *Nun, wir haben ein paar Fragen, denke ich.*

P'taah: Sehr gut.

F: *Und ich soll den Anfang machen. Ich würde gerne hören, was du über Babys zu sagen hast und ihre Erinnerungen an die Zeit im Mutterleib. Ich habe im Nachhinein nämlich etwas herausgefunden, was einen Verdacht bestätigte, den ich schon immer hatte, nämlich dass ich wirklich ein ungewolltes Kind war. Über weite Teile meines Lebens habe ich darunter gelitten, abgelehnt zu werden und von Zeit zu Zeit merke ich auch heute noch, wie das durchkommt. Ich denke immer wieder, jetzt wäre das geregelt und ich könnte damit umgehen und schon kommt wieder etwas Neues.*

P'taah: Allerdings. Wie du weißt, erinnert ihr euch alle auf irgendeiner Ebene natürlich an alles. Alles ist im Feld des Bewusstseins gespeichert.

Der Punkt ist: Wenn ihr euch entscheidet, euch dafür zu melden, einen Körper anzunehmen und eine Inkarnation zu erfüllen, erinnert ihr euch bei eurer Geburt noch daran, wer ihr in Wirklichkeit seid. In dem Moment, wo die Seele sich erst so wirklich an den Körper bindet, wenn das Bewusstsein sich an den Körper heftet, erinnert ihr euch noch an diesen Ort des Einsseins. Ihr erinnert euch, wenn ihr so wollt, an eure eigentliche Erhabenheit.

Und während ihr dann körperlich wachst und mehr in der menschlichen Wirklichkeit Fuß fasst, verlagert sich in der Tat der Fokus, der sehr anmutig und zielgerichtet auf die Realität ausgerichtet ist, in der ihr euch befindet. Dann verblasst die Erinnerung an das andere nach und nach.

Während für euch nun also eure Realität als Baby in den Mittelpunkt rückt und ihr mit diesem sehr fein abgestimmten Fokus zum

Kleinkind heranwachst, macht ihr dabei eure Erfahrungen. Und, wisst ihr, trotz der Tatsache, dass die Kinder physisch so hilflos sind, steckt in ihnen eigentlich eine unglaubliche Kraft und sie beginnen, sich auf ihre äußere Wirklichkeit auszurichten. Und obwohl sie noch nicht über einen Wortschatz verfügen, haben sie dennoch ein Wissen und erfassen die Schwingungsfrequenz der Menschen in ihrer nächsten Umgebung. In der frühesten Kindheit ist das natürlich die der Mutter und vielleicht noch die des Vaters. Und später, wenn ihr Fokus noch schärfer wird und sie ein wenig größer sind, kommen vielleicht noch Geschwister hinzu.

Und wenn sie nun ein Gefühl von Ablehnung wahrnehmen, ist das natürlich für jemanden, der aus dem Gefühl der Einheit kommt – und das seid ihr alle –, etwas ziemlich Fremdes. Und es ist höchst schmerzhaft.

Und deshalb sagen wir, dass ihr alle während eures Heranwachsens bis zum Alter von sechs Jahren bereits Erfahrungen mit Formen von Ablehnung, unerfüllten Bedürfnissen oder Schwingungsfrequenzen gemacht habt, die dem Einssein zuwiderlaufen.

Und das ist ziemlich beängstigend. So beginnt ihr dann eure Mauern hochzuziehen, eure Schutzmechanismen vor diesem Schmerz des ›Nicht-Einsseins‹. Und das begleitet euch dann lebenslang. Schon mit sechs Jahren habt ihr eine feste Vorstellung davon, wer ihr seid, wisst ihr. Und so kommt es, dass ihr allesamt dieses vage Gefühl von Ungenügen in euch tragt, weil ihr es eben einmal anders gekannt habt.

F: *Wie überwindet man das im Erwachsenenalter?*

P'taah: Nun, ihr wisst ja bereits, wie ihr das überwindet, denn wir haben euch das Rezept dafür gegeben. Erinnert ihr euch?

Ihr könnt die Angst davor, den Ansprüchen nicht zu genügen, nur transformieren, indem ihr versteht, dass quasi ihr selbst diejenigen seid, die diese Frequenz erschaffen haben. Und im Laufe eures Heranwachsens tragt ihr natürlich zur Entstehung jener Situationen bei, die dieses Gefühl jedes Mal immer wieder zutage befördern.

Übernehmt also die Verantwortung. Wisst ihr, ändern könnt ihr daran nur dann etwas, wenn ihr versteht, dass das Ganze von euch geschaffen oder mitgeschaffen wurde. Und ihr könnt es nur ändern, während ihr es fühlt, indem ihr absolut ›Ja‹ dazu sagt und es innerlich umarmt.

F: *Okay. Es umarmen. Ich befürchte, dass ich da wohl irgendwo ein oder zwei (lacht) Schritte übersprungen habe.*

P'taah: Oh, du weißt das schon. Du weißt es, wirklich. Es sind die vier Schritte oder Schlüssel zur Transformation.

F: Oh – ja, ja!

P'taah: Ich kann die Angst nur verändern, indem ich sie mir im Jetzt zu eigen mache und sie innerlich voll und ganz umarme, während ich sie fühle.

F: Richtig. Sehr gut. Danke für die Gedächtnisstütze. Darf ich an dieser Stelle etwas fragen?

P'taah: Sicher.

F: Du hast ja die vier Schritte erwähnt, P'taah. Mitunter kann es aber doch sein, wenn man das Ganze eine Zeitlang praktiziert hat und weiß, dass es funktioniert, dass es richtig schwierig ist, an diesen Punkt zu kommen.

P'taah: Ja, das ist es.

F: Und es ist frustrierend.

P'taah: Meine Liebe, das hängt auch stark davon ab, wie tief die emotionale Reaktion auf eine Situation empfunden wird. Und manchmal sieht es so aus, dass ihr euch damit einfach nicht herumquälen wollt, weißt du?

Wir haben das schon sehr oft erlebt. Ihr kennt die Schritte. Ihr wisst, was ihr tun könntet, und dennoch ist da ein gewisser Teil von euch, der die Wut oder den Schmerz oder das Drama oder was es auch sein mag, ziemlich genießt.

F: Na ja, es fällt schwer, sich an die Idee zu gewöhnen, dass das Ganze womöglich nicht wahr ist. (Lacht)

P'taah: Nun ja, alles daran ist wahr, aber gleichzeitig ist alles auch eine Illusion.

Und, wisst ihr, das einzige, worauf ihr euch wirklich verlassen könnt, ist das Gefühl dabei. Von daher gilt: **Wenn du eine emotionale Reaktion hast, ist diese emotionale Reaktion wahr. Sie ist richtig, selbst wenn sie auf einer Vorstellung basiert, die falsch ist oder sich nicht mit einer umfassenderen Wahrheit deckt.**

Verstehst du, was wir hier sagen?

F: Ja, ich denke schon.

P'taah: Auch wenn ihr alle das Spiel sozusagen auf eine illusionäre Art und Weise mitspielt, ist es für euch wahr. Vom Verstand her sagt ihr euch vielleicht: »Gut, wir wissen ja, dass das alles ein Spiel ist. Wir wissen, dass das alles Illusion ist«. Aber eure emotionale Seite, jene Facette von euch, die darauf in Reaktion tritt, nimmt das für bare Münze und sagt: »Das sind meine Gefühle« – hmmm?

F: *Ja, das kenne ich.*

P'taah: Und das ist auch in Ordnung, weißt du? Wir sagen euch ja immer, dass die emotionale Reaktion und die Angst nicht eure Feinde sind. Sie sind lediglich dieser kleine Teil von euch, der vergessen hat, wer ihr in Wirklichkeit seid.

Und der wichtige Punkt daran ist, dass ihr nichts Schlechtes tut. Urteilt nicht negativ über irgendeinen Aspekt von euch.

F: *Sehr interessant.*

P'taah: Nichts davon ist schlecht, wirklich nicht, wisst ihr?

(Lachen)

F: *P'taah, ich möchte sicherstellen, dass ich da etwas richtig verstanden habe: Das Leben ist also dazu gedacht, mit Freude und Staunen, innerer Ruhe, Verspieltheit, Frieden, heiterer Gelassenheit, Harmonie und Lachen erfahren zu werden. Und dennoch geht es ja sehr früh los mit Traumata, indem beispielsweise auf unsere Gefühle keine Rücksicht genommen wird. Und nicht nur das, denn in unserer Unwissenheit sorgen wir auch noch dafür, dass sich die diversen Traumata bei unseren Kindern und anderen fortsetzen, weil wir denken, dass wir das unseren Kindern beibringen müssten.*

P'taah: Genau. Und, weißt du, meine Liebe, das ist in Ordnung. Auf diese Weise lernt ihr ja schließlich. Aber es geht auch darum, sich bei diesem gemeinsamen Erschaffen von Schmerz und Qual in Erinnerung zu rufen, dass alle ihr Bestes geben.

F: *Oh, ja, unbedingt. Ich weiß, dass es bei meinen Eltern jedenfalls so war. Ich weiß, dass es bei mir so war. Aber ist das so, damit wir verstehen, dass wir selbst Schöpfer sind und dass es an uns ist, Freude und Staunen, Gelassenheit oder Verspieltheit zu erschaffen? Letztendlich geht es doch nur darum, nicht wahr?*

P'taah: Das tut es. Auf eine gewisse Weise schon. Jeder von euch kommt immer wieder. Und jeder von euch betritt dabei die Möglichkeit, ein Leben in der Fülle der Freude zu erfahren. Siehst du?

Das Wichtige dabei ist, dass wenn ihr euer eigenes Leben anschaut und seht, wie gewissermaßen ein Mythos von euren Eltern fortgeführt wurde, ihr dies mit Mitgefühl und Verständnis tut. **Und wenn ihr Mitgefühl und Verständnis für eure Eltern aufbringen könnt, werdet ihr gewiss auch Verständnis, Vergebung und Mitgefühl für das aufbringen, was ihr als eure eigenen Fehler beurteilen würdet.**

F: *Ja.*

P'taah: Siehst Du? Geliebte, erinnere dich daran, dass dies ein gemeinsames Werk ist. Ebenso wie du das zusammen mit deinen Eltern geschaffen hast, haben deine Kinder es gemeinschaftlich mit dir geschaffen. Alles um der Erfahrung willen.

F: *Um der Erfahrung willen. Dazu also sind wir hierhergekommen?*

P'taah: Ja. Denn vergesst nicht, dass ihr bereits das Wesen seid, das allwissend ist, das Lichtwesen, der Engel, wenn ihr so wollt. Das seid ihr bereits, und als solche erfahrt ihr, wie es ist, Mensch zu sein.

F: *Und das ist also menschlich? Das zu tun, worüber wir uns gerade unterhalten haben?*

P'taah: Ja. In diesem Moment schon. Natürlich steht ihr jetzt vor einem Portal, einem sich bewegenden Portal, wenn ihr so wollt, welches eine andere Frequenz aufweist. Und in dieser anderen Frequenz habt ihr die Möglichkeit, es zu transformieren. Das alles zu transformieren.

F: *P'taah, neulich las ich ein Buch von einer Inderin, die eine Nahtoderfahrung durchlebt hatte und davon sprach, »das zu empfangen, was wirklich meins ist«. Das verstehe ich nicht so ganz oder weiß vielleicht auch nicht, wie ich herausfinde, was wirklich meins ist.*

P'taah: Was wirklich deins ist, ist die Möglichkeit, euch ein Leben so zu erschaffen, wie ihr es haben wollt. Das habt ihr verdient.

F: *Verdient?*

P'taah: Ja. Siehst du, wenn du diese Vorstellung hast, du seist nicht genug, dann ist es beinahe so, als hättest du es nicht verdient, zu existieren, deine eigenen Entscheidungen zu treffen oder Harmonie, Frieden, Ruhe, Lachen, Freude etc. zu erschaffen.

Und so geht es darum, zu dem Verständnis zu gelangen, dass du all diese reichen Wunder verdienst. Einfach, weil du existierst. Dass du das alles für dich erschaffen darfst. Dass du in Wahrheit dieses Lichtwesen bist, diese ehrfurchterweckend machtvolle Göttin, die gekommen ist, um die Erfahrung zu machen, ein Mensch zu sein. Und das darf so aussehen, wie auch immer du es erschaffst. Und wie du es erschaffst, hängt davon ab, was du zu sein glaubst. Kannst du damit etwas anfangen?

F: *Ja, durchaus. Schwierig wird es auch, wenn es zu Meinungsverschiedenheiten oder Missverständnissen mit erwachsenen Kindern kommt. Denn wenn man sich über seine eigenen Möglichkeiten nicht vollkommen im Klaren ist, vergisst man auch, nach diesen Möglichkeiten bei seinen Kindern zu suchen.*

P'taah: Weißt du, Geliebte, es geht hierbei immer wieder darum, zu verstehen, dass jeder von euch ein göttliches Werk ist. Und dass ihr alle einen freien Willen habt. Ihr könnt souverän entscheiden, was ihr wollt.

Und das Geheimnis hierbei liegt darin, alle – ob es eure erwachsenen Kinder sind, oder jemand, mit dem ihr geschäftliche Auseinandersetzungen habt, eure Nachbarin oder irgendjemand anderes, mit dem ihr in eurem Alltag konfrontiert seid – ansehen zu können und zu ihnen zu sagen: »Ich ehre dein göttliches Recht, zu wählen, wie du sein willst, aber das ist nicht meine Wahrheit.« Siehst du das? Auf diese Weise seid ihr standfest in eurer eigenen Souveränität, gebt aber auch anderen den Raum dafür, souverän zu handeln und zu sein, wie sie sein wollen und nach Belieben selbst zu wählen.

F: *Ja. Okay, das geht in Richtung der zweiten Frage, die mir noch in den Sinn kam. Und zwar gibt es in meinem nächsten Umfeld Eltern, die vor 23 Jahren einen bedürftigen Vierjährigen adoptiert haben. Die beiden nahmen den Jungen liebevoll in ihre Familie auf und der Junge folgte seinen neuen Geschwistern auf dem Weg durch die Schule, obwohl ihm der Sinn so gar nicht nach Schule stand. Aber bei den Lehrern war er beliebt, weil er höflich und nicht aufsässig war. Nebenbei war es für ihn immer das Größte, Geld zu bekommen und Geld auszugeben.*

Heute, mit 27, hat sich bei ihm nichts daran geändert, dass Geld für ihn die Hauptmotivation ist, nur schafft er es scheinbar nicht, die Energie aufzubringen, sich Arbeit zu suchen und sich dann auch noch länger mit etwas so Langweiligem wie einem Job abzugeben. Was macht man als Eltern dann? Warten und zuschauen? Mir fällt kein kluger Rat für irgendeinen von denen in dieser Situation ein, und so habe ich ihnen auch keinen gegeben. Aber wie kann ich helfen?

P'taah: Nur durch Liebe.

F: *In Ordnung. Gebongt.*

P'taah: Ja. Seht ihr, schließlich seid ihr alle souverän. Jeder von euch trifft seine eigenen Entscheidungen. **Und jeder von euch reagiert aufgrund eigener Erfahrungen auf das, was sich gerade abspielt. Und an der Motivation von anderen kannst du nichts ändern, wirklich nicht.**

F: *Nein.*

P'taah: Und so wird er auf seinen Weg finden oder nicht. Und auf eine gewisse Weise ist es an dir, einfach zuzulassen, dass es ist, wie es ist.

F: *Okay. Das kann ich tun.*

P'taah: Ja. Es ist schwierig. Wir verstehen das.

F: *Außerdem wollte ich dir sagen, P'taah, dass ich vor ein paar Monaten meinen neunzigsten Geburtstag gefeiert habe. Und ich weiß zwar, dass es so etwas wie Zeit gar nicht gibt, und dennoch feiert man in der Kultur, in der ich lebe, neunzig Jahre schon als ganz schön alt. Es war ein wunderbares Fest im Kreise meiner Familie und Freunde. Aber die letzten sieben Jahre des Verständnisprozesses, der sich vor meinem Neunzigsten immer weiter entfaltet hat, gehen fast komplett auf dich zurück. Und ich bin so immens dankbar dafür, dass du auf diese Weise in mein Leben getreten bist.*

P'taah: Oh, meine Liebe. Weißt du, wir sind unsererseits so dankbar dafür, dass du in unser Dasein getreten bist. Und wir können nur sagen: was für eine wahrhaft großartige gemeinsame Schöpfung.

F: *(Lacht) Das denke ich mir auch! Ich gratuliere mir dazu.*

P'taah: In der Tat, Geliebte. Es ist uns eine Freude, in das einzutauchen, was sich hier entfaltet.

F: *Ich habe mir noch eine Ergänzung zum »Danke«-Song einfallen lassen. Sie lautet: »Danke dafür, wer ich bin, was ich bin, wie ich bin und warum ich bin. Und vor allem für das Jetzt, das ich bin«.*

P'taah: Das ist wirklich großartig. In der Tat.

F: *Ja. Er hilft mir sehr, der ganze »Danke«-Song. Er ist mein Fels in der Brandung.*

P'taah: Und ob. Und es freut uns immer zu sehen, wie ihr Menschen das Lied erweitert, um neue Wege zu finden, danke zu sagen. Und so danken wir dir für diese Ergänzung.

F: *Danke dir.*

Der Schlüssel für Wachstum und Expansion

F: *Wie bekomme ich ein klares Gespür dafür, was für mich wahr ist? Ich vermute, das fällt bei dir unter ›Intuition‹ oder ›kritisches Urteilsvermögen‹, P'taah. Liege ich damit richtig?*

P'taah: Ja. Weil ihr es, wie wir euch schon gesagt haben, auf eine gewisse Weise intuitiv wisst, wenn etwas stimmig ist. Ihr wisst, dass ihr euch wohl damit fühlt, wenn es das Richtige ist. Und ›wirklich du‹ zu sein bedeutet, alles zu akzeptieren, was bei dir gerade abläuft. **Das ist Heil- und Ganzsein, wisst ihr: Wenn ihr jede Facette von euch ansehen könnt und das gesamte Paket liebt. Das erlaubt euch Wachstum und Expansion.** Im Gegensatz zu dem Moment, wo ihr euch einen Gedanken, eine Handlung oder einen Teil von euch anschaut und ihn nicht würdigt und nicht ›Ja‹ zu ihm sagt, und sei es auch nur, dass ihr etwas sagt wie: »Tja, ich verurteile oder bewerte diese Handlung oder diesen Gedanken, weil ich weiß, dass er mich nicht in meiner umfassenderen Wahrheit spiegelt. Dieser Gedanke oder diese Handlung kam von einem Ort der Angst, unzulänglich zu sein oder nicht genug zu haben«. Stattdessen könnt ihr ja auch sagen: »Aber das ist in Ordnung. Das ist nur ein kleiner Teil von mir, der immer wieder vergisst, dass ich ein erhabener Gott oder eine erhabene Göttin bin und alles Erdenkliche wirklich verdient habe, einfach weil ich als Ausdruck der höchsten Quelle existiere.«

F: *Wow.*

P'taah: Und wenn du dazu in der Lage bist, verstehst du, wer du in Wahrheit bist. Du verstehst, dass, weil du ein Mensch bist und weil du mit dem Glauben aufgewachsen bist, unzulänglich zu sein, es hier und da kleine Teile von dir gibt, die reagieren, weil sie Angst haben.

Aber die Wahrheit, was euch anbelangt, lautet, dass ihr ehrfurchtgebietend mächtige Götter und Göttinnen seid, die dieses Spiel namens Menschsein spielen, die spielen: »Ich habe vergessen, wer ich bin und bin dabei, mich in Richtung meiner eigenen Wahrheit zu entfalten«. Und auf diese Weise schaut ihr auf eure Ganzheit und seht die Anteile, die ihr als gut, schlecht oder neutral bewertet, und sagt: »Dieses ganze Paket, dieser ganze Komplex namens Ich, ist wirklich fantastisch!«

F: *(Lachend) Ja, das ist er.*

P'taah: Und dann gibst du dir auf die behutsamste und mitfühlendste Weise den Raum dafür, dich auszudehnen und zu wachsen. In dieses außergewöhnliche Potenzial hineinzuwachsen. Und wirklich zu diesem tiefen Gefühl von Freude und Glück in dir zu finden, das nicht davon abhängt, was jemand anderes denkt, was du hast oder nicht hast, und nicht einmal von einem guten oder schlechten Gesundheitszustand. Denn es geht über all das hinaus.

Was du in Wahrheit bist, geht über all das hinaus. Du bist mehr als dein Geist. Du bist mehr als dein Körper.

F: *Ja, aber es gibt den einen oder anderen Tag, an dem es einem schwer fällt, das zu sehen, oder?*

P'taah: Ja, natürlich. Weil du ein Mensch bist. Aber du bist ein Mensch und als solcher alles, was du sein kannst.

F: *Genau. Nun, auf einigen Ebenen funktioniert das auch. Das stimmt schon.*

P'taah: Ja, natürlich tut es das. Denn mag es sein, wie es will: Weißt du, du bist in Wahrheit eine Göttin, die gerade die Erfahrung macht, wie es ist Mensch zu sein.
F: *Und alle anderen auch.*
P'taah: Eben.
F: *Anscheinend kann ich das gar nicht oft genug hören.*
P'taah: Und, wisst ihr, es ist uns ein Vergnügen, euch zu erinnern.
F: *Schön. Das freut mich natürlich.*

Selbstliebe und Lektionen im Leben

F: *Weißt du, ich habe gerade noch einmal darüber nachgedacht, was P'taah gesagt hat. Hierbei ist mir klar geworden, dass ich schon länger an der Liebe zu mir selbst arbeite. Dabei gibt es Zeiten, die emotional sehr bewegend sind, wenn man anfängt, zu begreifen, dass man sich selbst lieben kann.*
F (zweite Person): *Stimmt. Es ist schwer, an diesen Punkt zu gelangen.*
P'taah: Aber das dürft ihr ruhig. Die meisten von euch, vor allem aber die Älteren unter euch, sind mit der Vorstellung aufgewachsen, es sei quasi eine Sünde, sich dafür zu lieben, wer man ist. Das sei so etwas wie Einbildung. Es gehöre sich nicht. Und auf keinen Fall sollte man zugeben, dass es einem wichtig ist, wer man ist und dass man sich als genau diese Person liebt.
F: *›Egoistisch‹ heißt es dann.*
P'taah: Genau das.
F: *Ich habe noch einige Fragen, aber ich denke, die meisten stelle ich erst einmal zurück. Eine möchte ich aber gleich stellen. Jemand schreibt: »P'taah, du sprichst viel von Lektionen …« Jetzt erinnere ich mich nicht, dass du je von Lektionen gesprochen hättest, aber jedenfalls heißt es dort weiter: »Könntest du uns bitte sagen, worin unsere wichtigsten Lektionen bestehen? Wie gehen wir am besten an diese Lektionen heran? Und wenn es wirklich nichts zu tun gibt, da wir vollkommen sind, warum sollten wir uns da überhaupt die Mühe machen, sie ernsthaft in Angriff zu nehmen?«*
P'taah: Nun, die Vorstellung von Lektionen ist nichts, was wir wirklich so vertreten. Wir können jedoch sagen: Immer wenn ihr dazu beitragt, eine Situation so zu erschaffen, dass sie bei euch negative Reaktionen auslöst, besteht ein Anlass dazu, sich das näher anzusehen. Einfach aus dem Grund, dass es euch alle ja letztlich danach verlangt, in Frieden und Harmonie zu leben. Und es verlangt euch

danach, in Freude, Zufriedenheit, Erfülltheit und mit all diesen guten Dingen zu leben.

Wenn ihr also bei der Erschaffung eines Lebens mitwirkt, das euch das nicht bietet, müsst ihr euch selbst näher anschauen, um herauszufinden, wer ihr euren Glaubenssätzen zufolge seid und wie das dazu führen könnte, immer wieder Situationen zu erschaffen, die für euch unerfreulich sind. Das ist alles.

Es ist euer Spiel. Wenn ihr gerne weiter ein Leben führen möchtet, in dem ihr nicht versteht, dass ihr ein vollkommener und ewiger Ausdruck der höchsten Quelle seid, in dem ihr keine rechte Erfüllung in eurem Leben kreiert und ihr das so wollt, dann ist das in Ordnung. Es ist euer Spiel. Ihr seid der Gott oder die Göttin, die das Spiel spielen. Ihr könnt tun, was immer ihr wollt. Das soll gar nicht bewertet werden. Aber wenn ihr euer Leben ändern und transformieren wollt, tatsächlich in dem wahren Verständnis sein wollt, dass ihr vollkommen seid und Freude und Erfüllung erschaffen könnt, dann ist das der Punkt, wo ihr den Blick nach innen zu richten beginnt und euch eure Glaubenssätze dazu anschaut, wer ihr seid. Das ist alles.

F: *Und wenn man dazu beiträgt, in seinem Umfeld Menschen zu kreieren, die auf unterschiedlichsten Ebenen für verschiedene Probleme sorgen, so ist auch das eine Co-Kreation. Aber kann man sie dann auch wieder zum Verschwinden bringen oder wenigstens dazu, etwas anderes zu tun?*

P'taah: Ja, das könnt ihr.

F: *Es ist ja irgendwie schon schwer, in der heutigen Welt ein solches Glaubenssystem zu haben. Doch es ändert sich schon.*

P'taah: Aber ihr habt die globale Kommunikation. Ihr bekommt die Auseinandersetzungen mit, die Gewalt, den Hunger und Krieg, die auf eurer Ebene der Realität grassieren. Zu früheren Zeiten gab es das auch alles schon, aber ihr wart euch dessen nicht bewusst.

Seht ihr, so seid ihr aufgrund der globalen Kommunikation gewissermaßen gefordert, als eine Welt oder ein Volk, die Transformation und Veränderung anzustoßen. Als eine Gesellschaft namens Menschheit. Aufgrund der globalen Kommunikation, bei der ihr alle mitbekommt, was sich überall sonst in eurer Welt tut, liegt die Lösung für euch als Menschen in jedem Einzelnen.

F: *Auch dieses ist schwer zu begreifen, oder?*

P'taah: Nun ja, du kannst in deinem eigenen Leben nur tun, was du eben tun kannst.

F: *Genau.*

P'taah: Aber, seht ihr, **wenn jeder und jede von euch bestrebt wäre, auf der tiefsten Ebene Erfüllung zu erschaffen, Harmonie, Frieden und Freude – wenn ihr alle das tun würdet, wie könnte es dann Uneinigkeit geben?**
F: Ja.
P'taah: Wenn jeder von euch auf den Anderen achten würde, wenn jedem von euch euer Planet am Herzen läge, wenn jeder von euch verstehen würde, dass genug für alle da ist, wäre eure Welt gewiss ein anderer Ort.

Nichts wird verborgen bleiben

F: *Hier ist noch eine weitere Frage, die mir auffiel. Diese Frage bezieht sich auf Liebe und Respekt unserem Planeten gegenüber und lautet: »Bringt es wirklich etwas, auf den CO_2-Ausstoß zu achten? Ich mag es, nachhaltig zu leben. Aber ist es in Ordnung, davon auszugehen, dass wir unserer Erde mit unserem Kommen und Gehen nicht wirklich Schaden zufügen können, solange wir liebevoll und mit Respekt mit ihr umgehen und ihr unseren Dank aussprechen?«*

P'taah: Nun ja, wisst ihr, auf eine gewisse Weise könnt ihr sagen, dass diese Sache mit dem CO_2-Fußabdruck darauf aufmerksam macht, wie ihr euch die Realität erschafft und inwiefern das Leben, das ihr führt, bezeugt, dass ihr euren Planeten liebt und ehrt. Das CO_2 ist also quasi gar nicht so sehr der entscheidende Punkt. Der Punkt ist der, dass es den Blick darauf lenkt, was ihr eurem Planeten auf globaler Ebene antut. Kannst du damit etwas anfangen?

F: *Ja, absolut. Aber global betrachtet sind uns da ja die Hände gebunden. Ändern können wir doch nur in unserem Umfeld etwas.*

P'taah: Ja, und das könnt ihr auf eure eigene Art und Weise. Und wisst ihr, ihr tut, was immer ihr könnt, und dazu gehört, wie ihr euch auf politischem Gebiet verhaltet, wie ihr euch äußert, welche Denkweisen ihr unterschreibt oder nicht. Versteht ihr? All das. Es geht letztlich darum, aufmerksam zu sein, nicht wahr?

Und dort, wo ihr eine Stimme habt, macht davon Gebrauch!

F: *Klar, auf jeden Fall, aber ohne es herauszuschreien!*

P'taah: Nun ja, wisst ihr, ihr könnt es durchaus auch herausschreien, wenn ihr wollt. Das entscheidet ihr selbst. Aber schaut euch wirklich an, was ihr damit erreicht. Und wenn ihr das Gefühl habt, durch

lautes Herausschreien etwas zu erreichen, dann tut es und schreit! **Doch tut es mit dem Verständnis: den Krieg zu hassen, beendet nicht den Krieg. Den Frieden zu lieben beendet den Krieg.**
F: *Ja.*
P'taah: Und wenn ihr diesen Spruch so nehmt und ganz allgemein auf euer Leben anwendet, wird euch klar, dass Schreien manchmal eine gute Sache sein kann. Aber verliert nicht aus dem Blick, worum es bei dem Schreien geht, ja?
F: *Ja. Mir kommt es so vor, als bekämen wir derzeit sehr viel Gier und Machtgier zu sehen, und ich versuche mich immer wieder daran zu erinnern, dass das die Kehrseite von der Richtung ist, in die es für uns weitergeht. Und dass das jetzt mit einem Mal so allgegenwärtig ist, weil wir ganz kurz davor stehen, dass es sich erledigt.*
P'taah: Ja. **Außerdem geht ihr, wie wir euch seit vielen, vielen Jahren sagen, einer Zeit entgegen, in der nichts verborgen bleiben wird. Und so wird man Machtgier als das sehen, was sie ist, so schön verpackt sie auch sein mag.**
Und dann könnt ihr »Nein!« sagen. Seht ihr, wenn ihr wirklich versteht, was da abläuft, könnt ihr entscheiden. Ihr könnt euch dann alle erheben und sagen: »Nein, nicht mit uns – das verträgt sich nicht mit dem, was wir als wahr betrachten. Wir machen das nicht mit.«
F: *Gut! P'taah, das war faszinierend. Absolut wunderbar. Danke dir.*
P'taah: Oh, meine Lieben, es ist uns immer eine Freude. Ist das genug für den heutigen Tag?
F: *In der Tat, danke.*
P'taah: Wir danken euch. Es ist wie immer eine solche Freude gewesen, an dem Wundersamen das ihr seid, teilhaben zu können, und wir übersenden euch mit der größten Liebe ein ›Namaste‹.
Alle: *Namaste und danke.*
P'taah: Lebt wohl für dieses Jetzt.
F: *Lebe wohl.*

Achte Übermittlung

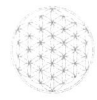

Es gibt kein ›Wir und die anderen‹

P'taah: Guten Tag, meine Lieben.

F: *Guten Tag, P'taah.*

P'taah: Also, meine Liebe, haben wir brennende Fragen an diesem Tag eurer Zeit?

F: *Haben wir. Etliche davon sind schon viele, viele Male gestellt worden, aber ich schätze, wir sollten sie noch einmal durchgehen.*

P'taah: In Ordnung, Geliebte.

F: *Ich fange einmal mit einer Frage von mir selbst an. Ich habe mich eine lange Zeit intensiv in einer Gruppe engagiert, die glaubte, dass die Welt als Ganzes erst dann funktionieren könne, wenn sie für jeden einzelnen funktioniert. Und ich denke auch heute noch, dass das wahrscheinlich stimmt. Doch in den letzten drei Jahren habe ich diesbezüglich eine Entwicklung durchlaufen. Zu Beginn dieser Zeit war ich ziemlich liberal in meiner Einstellung und dachte, wir sollten uns um die Menschen kümmern. Und heute sehe ich, was passiert, wenn Menschen die Erwartung entwickeln, versorgt zu werden oder sogar ein entsprechendes Anspruchsdenken an den Tag legen. Ich glaube nicht, dass dies funktioniert. Wie erschaffen wir also eine Welt, in der es für alle gut läuft?*

P'taah: Weißt du, Geliebte, in Wahrheit geht es dabei nicht einfach nur um einen einzelnen Aspekt wie das Anspruchsdenken, sondern vielmehr um ein Gleichgewicht. Es trifft zu, dass ihr alle einen Anspruch auf Liebe, Achtung und Respekt habt. Doch das bedeutet auch, dass ihr Euch umeinander mit Liebe, Achtung und Respekt kümmern müsst, wenn ihr es so wollt.

Wenn ihr versteht, dass ihr selbst eure Wirklichkeit erschafft, seht ihr: Wenn ihr alle Liebe, Ehrerbietung und Respekt für das aufbringt, was ihr selbst seid, könnt ihr letztlich auch nicht anders sein, wenn ihr mit anderen Menschen im Außen, wie eurer Familie oder einer bestimmten Gruppe von Menschen, zusammen seid.

Mit anderen Worten: Es gibt kein ›Wir und die anderen‹. Und so wird selbst das, was Menschen als Unterstützungsleistung erhalten, mit dieser Vorstellung von Respekt gegeben, aus der Idee heraus, dass ihr in Wirklichkeit eins seid. Und es geht hier um diesen, wenn ihr so wollt, ganzheitlichen Ansatz. Es muss ein ganzheitlicher Ansatz sein, gewissermaßen eine ganzheitliche Wirklichkeit, damit ihr alle die gleiche Basis habt. Die ursprüngliche Grundannahme trifft also zu. Aber das funktioniert nur, wenn alle das Prinzip dahinter verstehen.

Es geht hier also quasi darum, die Menschen dahingehend zu unterrichten, die Natur der Wirklichkeit zu verstehen. Wir haben schon immer gesagt, dass genug für alle da ist. Gewiss. Es gibt genug Wohlstand, genug Nahrung, genug von allem für jedes Wesen auf eurem Planeten. Aber solange diejenigen, die alles haben, nicht an jene denken, die nichts haben, kann diese Gleichheit nicht herrschen, da keine Gleichheit im Denken herrscht.

Ihr alle erschafft eure Wirklichkeit. Und so glauben die Menschen, die nichts haben, an dieses ›Nichts‹. Die Menschen, die alles haben, haben hingegen das Gefühl, es stünde ihnen Alles zu. Daher geht es nicht nur darum, dass die, die nichts haben, das Gefühl entwickeln, auch etwas zu verdienen, sondern dass auch diejenigen, die alles haben, eine gleichmäßigere Verteilung zulassen, wenn ihr so wollt.

F: *Hmm. Und besteht denn tatsächlich die Möglichkeit, dass das eintritt?*

P'taah: Ja. Auch wenn es seltsam erscheint.

F: *(Lacht) Aber wenn ich zum Beispiel in einen Supermarkt gehe, in den die unterschiedlichsten Menschen hinkommen, und mich dort so umschaue, scheint da niemand auch nur einen blassen Schimmer von Spiritualität zu haben. Da lässt sich nicht der winzigste Funke davon finden. Es muss nicht einmal unbedingt Spiritualität sein, aber eben etwas, das den Menschen hilft, nach Hause zu kommen. Für die meisten ist das so weit entfernt, dass ich die Möglichkeit für das, was du beschreibst, nicht sehen kann.*

P'taah: Ja. Nun, siehst du, je mehr Menschen es gibt, die diese Möglichkeit einräumen, desto eher wird es auch möglich, dass daraus Wirklichkeit wird.

F: *Es liegt also an mir. Ich muss mich ändern und mich auf die Suche nach diesem göttlichen Funken in jeder Person machen.*

P'taah: Und in dir selbst. Wisst ihr, wenn ihr wirklich den göttlichen Funken in euch erkennen könnt, kommt ihr nicht umhin, ihn auch in allen Menschen zu erkennen. Und wenn ihr versteht, dass in Wirklichkeit, ganz gleich, wie es von außen wirken mag, jeder von euch ein Gedanke im denkenden Geist der Schöpfung ist. Ihr seid wahrhaft ein Ausdruck der höchsten Quelle, egal, wie es euch erscheint. Und wenn ihr die Schichten der Muster entfernt, die eure Lebenserfahrungen und eure alltägliche Wirklichkeit ausmachen, so seid ihr darunter alle gleich.

F: *Ich arbeite daran. Wahrscheinlich nicht so hart, wie ich sollte (Gelächter), aber ich arbeite daran. Denn in meiner Wirklichkeit ist das sehr schwer zu verstehen.*

P'taah: Ja. Es ist schwer zu verstehen.

F: *Ist es. Aber ich muss zugeben, dass ich mich über etwas, worüber du gesprochen hast, sehr gefreut habe. Nämlich der zu sein, wer ich wirklich bin. Ich habe ja unlängst noch erwähnt, dass ich wirklich daran gearbeitet habe, mich selbst zu lieben. Eine interessante Erfahrung übrigens. Aber mir ist klar geworden, dass es niemanden kümmert, ob ich bei mir letzte Woche den Fußboden gewischt habe oder nicht. Niemand schert sich darum, außer mir selbst. Und es ist in Ordnung, wenn dann Besuch kommt und noch ungespültes Geschirr in der Spüle steht. Weißt du, es kümmert niemanden.*

P'taah: Das ist richtig.

F: *Und das war für mich seit langem mit das Befreiendste, was ich erlebt habe. Ein Stück weit macht es mir auch Angst. Nach dem Motto: »Wer hält mich in Schach, wenn ich nichts auf die Meinung anderer gebe?« Dann muss ich das für mich selbst tun.*

P'taah: Ja, genau das. Und dabei kratzt du lediglich an der Oberfläche deiner Freiheit. Wenn du an all die Dinge denkst, die Spaß machen und die dir aufgrund deiner Erziehung und den Erwartungen der Gesellschaft nicht machbar schienen, dann erkennst du, was du dir alles aus der Überlegung heraus verkniffen hast, was andere von dir denken könnten.

F: *Oh ja, absolut. Ja, das war meine allererste Lektion als Kind: »Was sollen die Leute denken?«*

P'taah: Ja. Und auf eine gewisse Weise beherrscht dich das noch heute.

F: *Ja, das tut es auf jeden Fall.*

P'taah: Also, meine Liebe, denke an den Spaß, den du noch haben kannst.

F: *(Lachen) Ja. Das wäre ziemlich unglaublich, insbesondere weil ich denke, heute schon ein außergewöhnliches Leben zu führen. Mehr Spaß würde mir auf jeden Fall noch mehr Spaß machen. Daran arbeite ich aber nicht. Damit spiele ich.*

P'taah: Sehr gut.

Menschheit und Erde sind nicht isoliert im Kosmos

F: *Kannst du uns, ohne über die Veränderungen auf der Erde als solche zu sprechen, einen Eindruck davon vermitteln, wie unsere Zukunft sein wird?*

P'taah: Auf eine gewisse Weise, wisst ihr, hängt das alles von euch ab. Seht ihr, wie ich euch ja schon oft gesagt habe: »Nichts ist wirklich in Stein gemeißelt.« Und eure Zukunft wird von euren Entscheidungen abhängen und der Fähigkeit, harmonisch im Fluss zu sein mit eurer Erde und gewissermaßen auch mit den Energielinien des Möglichen, wenn ihr damit etwas anfangen könnt.

Wisst ihr, die Möglichkeit dafür, wo ihr euch als Spezies hinentwickeln könnt, ist so außergewöhnlich. Ihr könnt euch in Harmonie mit eurer Erde bewegen, um geradezu ein Paradies zu erschaffen. Diese Möglichkeit besteht.

Die Wahrscheinlichkeit dafür, dass dies eintritt, steht jedoch auf einem anderen Blatt. Was ist erforderlich für eure Spezies, damit ihr die Wahrheit darüber lernt, wer ihr seid und was ihr erschafft? Und diese Wahrheit, die an anderen Orten im Universum erlernt wurde, erfordert sehr oft einen Kataklysmus, um die Denkmuster grundlegend zu ändern. **Der dringende Wunsch des Universums an euch als Spezies ist der, dass ihr es lernt, ohne eine Apokalypse kreieren zu müssen.**

F: *Ich denke, das dürfte den meisten, die derzeit auf dieser Erde sind, wohl lieber sein.*

P'taah: Ja. Und weißt du, es besteht eine sehr reale Möglichkeit, dass ihr es so handhaben werdet.

Wir verstehen, wie schwierig es ist, wenn ihr euch die Welt anschaut, wie sie in diesem Jetzt existiert. Wenn man das Denken und die Machtgier von denen betrachtet, die die Macht haben und die die Wirtschaft auf dem Planeten steuern, ist es schwer vorstellbar, wie sie von der Wahrnehmung ihres Anspruchs dahin gebracht werden, die wahre Natur der Wirklichkeit zu verstehen.

Auf eine gewisse Weise könnt ihr also sagen, dass die Multiversen das Ganze beobachten und aber auch bereit sind, einzugreifen, wisst ihr. Nur so als weiterer kleiner Denkanreiz für euch.

F: *(Lacht) Ja ...*

P'taah: Ihr seid nicht allein als Spezies oder als Planet. Ihr existiert als solche genauso wenig in Isolation wie jeder einzelne von euch in

Isolation lebt. Wisst ihr, ihr seid gewissermaßen ein Mikrokosmos der Multiversen. Und obwohl es vielen von euch so vorkommt, als würdet ihr als Menschheit ein isoliertes Dasein führen, sagen wir euch, dass dies nicht der Fall ist.

Ihr könnt unmöglich tatsächlich ein isoliertes Dasein führen, da ihr als Energiekörper existiert, der mit allem in den sichtbaren und unsichtbaren Wirklichkeiten verbunden ist – in den bekannten und den unbekannten Wirklichkeiten. Ihr führt keine isolierte Existenz. Das ist quasi der Grund dafür, warum ihr beobachtet werdet: Weil dieser Planet ebenfalls kein isoliertes Leben führt und nicht isoliert existiert.

F: *Was erfordert es denn von jedem Einzelnen, um das zu erschaffen, worüber du hier sprichst? Na ja, das Gute, von dem du sprichst, nicht den Kataklysmus.*

P'taah: Dass jeder Verantwortung übernimmt und wirklich versteht, dass es nicht ›die anderen‹ und das ›wir‹ gibt.

F: *Dann ist diese Geschichte davon, den göttlichen Funken in den Leuten im Supermarkt zu sehen, wirklich ernst gemeint?*

P'taah: Ist es.

F: *Wow. Das hat ganz schön Power, P'taah.*

P'taah: Das hat es. Und wisst ihr, wir sagen das ja schon seit vielen, vielen Jahren eurer Zeit, aber ihr hört es nicht. Wir sagen ›ihr‹ und meinen damit euch als Gemeinschaft oder Gesamtheit, wie ihr in der Menschheitsfamilie existiert. Diese Wahrheiten, wisst ihr, werden schon seit Jahrtausenden ausgesprochen.

F: *Ja. Aber du hast Recht. Es erstaunt mich wirklich: Selbst Menschen, die jeden Monat diese Sessions mitbekommen, stellen urplötzlich eine Frage, bei der ich denke:* »*Entschuldigung, aber darüber hat P'taah bestimmt schon fünfzig Mal gesprochen. Habt ihr das denn nicht gehört?*« *Und, nein, sie haben es nicht gehört. Tja, da geht es dir genau wie mir.*

P'taah: Ja.

F: *Aber wenn du es oft genug sagst, hören es hoffentlich immer mehr Leute.*

P'taah: Und, meine Lieben, ihr müsst wissen, es ist uns eine Freude, es immer und immer wieder zu sagen.

F: *Ah, ja. P'taah, deine Geduld ist überwältigend.*

F: *Eine Frage, die ich dir eigentlich später stellen wollte, falls wir noch Zeit haben, bezog sich darauf, dass jemand von massenhaften Landungen der Galaktischen Lichtföderation sprach. Geht das in die Richtung von dem,*

was du als eine Möglichkeit angesprochen hast für den Fall, dass bei uns das Verständnis ausbleibt?
P'taah: Ja, in der Tat. Aber es wirkt auf zweierlei Weisen. Da ist zum einen das Eingreifen für ein höheres Gut, wenn ihr so wollt – für euren Planeten, für eure Spezies. Aber dann ist da zum anderen auch noch der Wunsch, euch zu verstehen zu geben, dass ihr nicht allein seid, dass ihr nicht in einem Vakuum existiert.

Diese Realität rückt, wie schon bei anderer Gelegenheit gesagt, näher, und wir können nur sagen, dass sie in eurer Zeit nicht mehr lange auf sich warten lässt. Wir können euch nicht sagen und werden es auch nicht, wann diese Sache mit euren Brüdern und Schwestern von anderen Sternsystemen tatsächlich ›Gestalt annehmen‹ wird, wenn ihr so wollt. Und auf eine Weise könnt ihr sagen, dass alle Sichtungen, sogar eure Kornkreise, all diese Manifestationen euch in diese Richtung führen, ebenso wie eure Populärliteratur, eure Filme, etc. All das ist gewissermaßen eine Vorbereitung.

F: *Und diese Art von – na ja, ich sage jetzt einmal nicht ›Intervention‹ – diese Landungen zielen nicht unbedingt darauf ab, uns auszulöschen?*
P'taah: Nein.
F: *Sie sind nicht zwangsläufig feindselig – das ist wohl das Wort, nach dem ich gerade gesucht habe.*
P'taah: Nein, sie sind nicht feindselig.
F: *Weißt du, wenn wir nicht imstande sind, zu verstehen, dass wir nicht allein sind und dann bei uns zu Hause sitzen und erkennen, dass es andere Wesen gibt, denen wir nicht gleichgültig sind, dann wird es uns wohl völlig umhauen, wenn Wesen von anderen Planeten kommen.*
P'taah: Ja.
F: *Selbst wenn wir verstandesmäßig vielleicht wissen, dass es sie eigentlich ja geben muss, wird die Realität ein großer Schock sein.*
P'taah: Und nicht nur das. Da ist ja auch noch die Vorstellung von ihrer Technologie, die so viel fortgeschrittener ist als das, was ihr hier so umfangreich vorfindet. Auch das ist für euch ziemlich beängstigend.
F: *Oh ja. Ich meine, du hast das zuvor schon einmal angesprochen. Sie wird mit Emotionen oder durch Gedanken angetrieben, richtig?*
P'taah: Ja. Aber das ist nicht der Kraftstoff. Es ist, wenn ihr so wollt, die Physik der Bewegung durch den Raum. Gewissermaßen habt ihr das Konzept bereits mit eurer Kristalltechnologie, euren Computern, entdeckt.

Euch wurde bereits die Möglichkeit gegeben, andere Mechanismen zu nutzen. Aber diese Technologie als solche ist so außerordentlich hoch entwickelt, dass sie denen, die bereits in Angst leben, noch viel mehr Angst einflößen kann.

F: *Wow.*

Ihr seid in jeder Hinsicht ein Ausdruck der höchsten Quelle

F: *Kannst du etwas zur Synchronizität sagen und darüber, dass alles mit allem verbunden ist? Obwohl wir ja eigentlich schon die ganze Zeit davon sprechen?*

P'taah: Auf gewisse Weise ging das alles um Synchronizität. Denn, drücken wir es einmal so aus, letztlich geht es bei allem um Synchronizität. Darum sagen wir, dass nichts einfach so geschieht und es auch keine Zufälle gibt. Ihr erschafft das alles auf eine höchst erstaunliche und synchronistische Art und Weise. Ihr seid also der wandelnde Inbegriff von Synchronizität.

Je mehr sich euer Bewusstsein erweitert, umso mehr könnt ihr natürlich auch die Synchronizität und ihre verblüffende Komplexität wahrnehmen. Das könnt ihr auch in eurem eigenen Alltag beobachten. Und wenn ihr das Ganze dann aus einer globalen Perspektive heraus betrachtet und auf die universelle Entwicklung extrapoliert, werdet ihr wahrhaft erstaunt sein.

Wenn ihr euch anseht, wie euer eigener Körper funktioniert, wie jede Zelle, jedes Organ, jede Funktion des Körpers mit allen anderen verflochten ist, seht ihr, dass es nicht einen einzigen Teil des Körpers gibt, der isoliert funktioniert oder nicht von allen anderen beeinflusst wird. Und wenn ihr wirklich etwas über Synchronizität wissen wollt, schaut euch euren eigenen Körper an. Das könnt ihr dann nach außen in euer Universum extrapolieren und dann werdet ihr in der Tat von Ehrfurcht und Staunen erfüllt sein.

F: *P'taah, ich kann gerade nur ehrfürchtig staunen über dieses Gespräch. Wenn man sich solche Gedanken über den Körper macht und wie das alles in ihm funktioniert, so ist das einfach verblüffend.*

P'taah: Es ist in der Tat ein Wunder. Und, seht ihr, meine Lieben, **das ist unser Wunsch für euch: dass ihr alle wirklich versteht, dass ihr lebendige Wunder an Kreativität seid. Dass ihr wirklich in**

jeder Hinsicht ein Ausdruck der höchsten Quelle seid. Wenn wir euch zusehen, staunen wir darüber, dass nicht jeder von euch tiefe Ehrfurcht für euer Sein als Ausdruck der höchsten Quelle empfindet. Wenn ihr die Welt um euch herum betrachtet, wie könnt ihr da nicht von Ehrfurcht erfüllt sein? Denn es gibt nichts, was hier durch Zufall ist und **es gibt nichts in eurem Leben, was nicht ein Ausdruck der höchsten Quelle wäre.**

Und ihr seid ein Teil davon, mit jedem Atemzug, den ihr tut. Genauso wie der Austausch von Atomen und Molekülen, durch den ihr am Leben gehalten werdet und den wir Atmung nennen. Selbst das ist ein Wunder. Und auch wie das alles funktioniert, wie jeder von euch zum Leben aller anderen Spezies auf eurem Planeten beiträgt.

F: *Diesen Teil verstehe ich nicht ganz.*

P'taah: Nun, ihr alle atmet ein und aus, auf die eine oder andere Weise. Die einen von euch atmen Sauerstoff ein, andere von euch Kohlendioxid. Aber ihr alle tauscht in jeder Mikrosekunde eurer Zeit Atome und Moleküle aus. Jeder von euch ist in seiner Spezies wertvoll. Jeder von euch unterstützt und nährt jede andere Spezies. Das ist in der Tat Synchronizität. Seht ihr, jeder von euch ist ein vollkommener Teil des Gesamtsystems.

F: *Wow. Und wenn Leute in ihrem Leben anfangen, sich gegenseitig zu bemitleiden und so etwas sagen wie:* »*Ach, ist das nicht furchtbar?*«*, dann ...*

P'taah: ... dann haben sie das Wichtigste nicht verstanden.

F: *Ja, das leuchtet mir ein.*

P'taah: Und wenn ihr euer Leben ohne Ehrfurcht anderen gegenüber lebt, dann kommt es zu Dingen wie der Abholzung der Wälder. Dann habt ihr das Artensterben. Ihr schwimmt gegen den Strom der Schöpfung.

F: *Ich bin gerade ziemlich sprachlos. Gibt es sonst noch etwas, was du dazu mit uns teilen möchtest? Ansonsten würde ich gerne noch eine weitere Frage an dich stellen.*

P'taah: Kommen wir zu deiner Frage, meine Liebe.

F: *Okay. Und zwar kam sie von einer Frau, die geheilt wurde, als irgendwelche Wesen durch einen Heiler zu ihr sprachen. Und am nächsten Tag hörte der Heiler eine Stimme in seinem Kopf, die sagte:* »*Erlaubst du, dass dein Körper als Kanal für P'taah benutzt wird?*«

Die Frage lautet: »*Werden auch noch andere in der Lage sein, diese Energie so zu kommunizieren und zu channeln wie Jani es tut, beziehungsweise hat dieses Ereignis wirklich stattgefunden?*«

P'taah: Schon seit Beginn der Zusammenarbeit mit unserer Frau [Jani] haben wir gesagt, dass wir durch niemand anderen sprechen werden, solange sie sich entscheidet, weiter mit uns zusammenzuarbeiten. Wir können euch auch sagen, dass wenn unsere Frau hier beschließt, das nicht mehr zu tun, es viele geben wird, die sagen, sie sprächen für P'taah. Wir würden sagen, dass es derzeit niemanden außer unserer Frau gibt, mit dem wir auf dieses Weise zusammenarbeiten.

F: Und wenn du »auf diese Weise« sagst, meinst du damit öffentlich? Denn sicherlich können wir doch alle jederzeit mit dir kommunizieren, wenn wir es möchten.

P'taah: Absolut. Wir sprechen hier davon, den Körper einer anderen Person zu benutzen, um dadurch zu sprechen.

F: Okay.

P'taah: Oder auch das Bewusstsein von jemand anderem.

F: P'taah, das war gerade ganz besonders.

P'taah: Meine Liebe, es ist immer eine solche Freude mit dir zu plaudern. Und wir wissen, dass du das gar nicht gerne hörst, wenn du hier die Fragen stellst.

Und, Geliebte, wir möchten noch einmal betonen, dass wir mit allen sprechen, die ihr Herz öffnen und lediglich darum bitten, dass wir uns zeigen, um mit ihnen zu sprechen. Immer.

F: Wunderschön. Danke.

P'taah: Also, meine Lieben, wir danken euch sehr für diese Freude und das Vergnügen bei unserem Austausch. Und wir sind schon in freudiger Erwartung des nächsten Jetzt, wo wir dies aufs Neue tun können.

F: Ich auch. Danke, P'taah. Namaste

P'taah: Gerne, meine Lieben. Namaste und lebt wohl.

Neunte Übermittlung

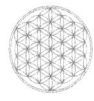

Die Perle im ›Misserfolg‹ erkennen

P'taah: Meine Lieben, guten Tag.

F: *Guten Tag, P'taah.*

P'taah: So, mein Lieber, wie geht es dir an diesem Tag deiner Zeit?

F: *Jetzt gerade sehr gut, vielen Dank. Mit dir zu sprechen ist wirklich aufregend.*

P'taah: Gerne doch. Du hast ja wirklich in den letzten Monaten eine sehr aufregende Zeit durchlebt.

F: *Ah, »aufregend« ist eine interessante Formulierung. (Lacht) Ja, das könnte man sagen. Es ist eine sehr, ich würde jedoch eher sagen, ›schwierige‹ Zeit gewesen, doch ich denke, man könnte sie auch als ›aufregend‹ bezeichnen.*

P'taah: Nun, sagen wir einmal folgendes: Wenn du auf diese Zeit zurückschaust, ist sie aufregend, weil sie eine Zeit des Wachstums und der Expansion für dich ist.

F: *Das ist wohl wahr, P'taah. Seitdem wir uns das letzte Mal unterhielten, ist viel passiert. Wir haben vor etwa achtzehn Monaten über meine Firma gesprochen und darüber, wie ich versucht habe, einen Konkurs abzuwenden. Dabei haben wir eine ganze Menge großartiger Ideen und Handlungsoptionen besprochen. Und im Laufe der letzten achtzehn Monate habe ich diese, soweit ich konnte, umgesetzt.*

Doch leider konnte ich die Geschäfte im Laufe der letzten ein bis zwei Monate nicht aufrechterhalten, da einfach keine Aufträge eingingen. Und dass unsere Angebote immer wieder abgelehnt wurden und wir Projekte verloren haben, hat bei meinen Angestellten und mir zunehmend an den Kräften gezehrt. Deshalb habe ich vor vier Tagen beschlossen, einen Großteil meiner Firma zu schließen.

Bei unserem Gespräch vor achtzehn Monaten hast du mir die großartige Methode beigebracht, nach dem Juwel oder Geschenk zu suchen, das sich in der dunklen Wolke verbirgt. Nach dem Licht im Dunkel, schätze ich.

Und seit ich zu dem Entschluss gekommen bin, einen Großteil meiner Firma zu schliessen, fühle ich mich irgendwie besser. Es ist, als sei mir eine immense Last von den Schultern genommen worden, obwohl ich mich weiterhin damit auseinandersetzen muss, dass ich anderen noch Geld schulde. Immer wieder raus zu gehen und darum zu kämpfen, potenzielle Käufer von meinen Produkten zu überzeugen, ist nicht spurlos an mir vorübergegangen. Weder körperlich noch im Hinblick auf meine Beziehung zu meiner Familie und meiner Belegschaft.

P'taah: Ja, und siehst du, mein Lieber, es gibt hierbei zwei sehr wichtige Punkte: Der eine ist der, dass du in dieser Zeit große Charakterstärke bewiesen hast und darum gekämpft hast, etwas zu tun, was du für richtig empfunden hast. Du hast nicht nur das Richtige in Bezug auf dich selbst und andere getan, sondern auch für den Planeten. Und, weißt du, das allein ist mit Blick auf deine eigene Entfaltung sehr wichtig.

Die andere Sache ist die, dass du dich gleichsam dem hingegeben hast, was aus deiner Sicht die bessere Option ist. Du hattest ja schon seit einiger Zeit den Gedanken, dass es darauf hinauslaufen würde, einen Teil der Firma aufzugeben. Und indem du das getan hast, ist nun, wie du sagst, eine schwere Last von deinen Schultern genommen worden.

F: *Ja.*

P'taah: Und somit hast du dir jetzt Raum für mehr Kreativität geschaffen.

F: *Ja.*

P'taah: Weil du gewissermaßen das aus dem Weg geräumt hast, was dich bislang davon abgehalten hat, wenn man so will.

F: *Genau.*

P'taah: Jetzt hast du, obwohl du noch ein paar finanzielle Probleme hast, den Raum dafür, dass sich etwas Neues entfalten kann. Und im Hinblick auf deine Beziehungen würden wir sagen, dass du jetzt auch mehr Zeit hast, um dich dem zu widmen.

F: *Ja, allerdings. Das ist wahr.*

P'taah: Das ist sehr wichtig, weißt du?

F: *Auf jeden Fall. Der Punkt ist, dass die Produkte, die ich bislang verkauft habe, wirkungsvoll die CO_2-Bilanz von Gebäuden verbessert haben, was derzeit ein zentrales Thema auf unserem Planeten ist. Ich hatte sehr daran geglaubt, dass die Produkte gut ankommen und eingesetzt würden. Und diejenigen, die sie im Einsatz haben, sind sehr zufrieden damit und wir haben auch jede Menge Bestelleingänge. Dennoch war es wirtschaftlich nicht rentabel. Ich hatte einfach nicht mehr die Mittel, um die Leute zu bezahlen. Und* *dann zu sehen, wie es alles lief, den Kummer meiner Frau und die schlaflosen Nächte, das war schon ein Schock.*

Was ich dann gemacht habe, war, zwei der drei Produkte aus dem Programm zu nehmen. Ich habe nur eines behalten, das sich auch wirklich gut verkauft, und so werde ich mich auf dieses Produkt konzentrieren.

Das größte Problem für mich ist jetzt wohl mein angeknackstes Selbstbewusstsein. Nachdem ich so viel Zeit darauf verwendet habe, den Verkauf anzukurbeln, es mit Volldampf zu bewerben, es bekannt zu machen und Tagungen und Seminare zu besuchen, ist mein Selbstvertrauen jetzt schon extrem angeschlagen und ich muss erst einmal etwas meine Wunden lecken, bevor ich mich in das nächste Abenteuer stürze. Aber das nächste Abenteuer wartet schon, denn ich bin im Begriff, mit einem meiner Produkte neu durchzustarten und muss wohl einfach innerlich noch mit der alten Sache abschließen. Aber das ist ein Prozess. Und irgendwann wird auch der abgeschlossen sein. Und ich habe das Gefühl, jetzt kann ein neues Spiel kommen.

P'taah: Sehr gut. Mein Lieber, es ist gerade sehr wichtig für dich, deinen jetzigen Seinszustand zu verstehen. Das heißt: **Alles zu seiner Zeit.**

Und schau, dass du ein feineres Gespür dafür entwickelst, wo es sinnvoll ist, die Projekte voranzutreiben und wo es besser ist, Sachen auf Eis zu legen und die Dinge neu zu strukturieren. Dann bekommst du eine ganz andere Sichtweise für das Sein und das Tun.

F: *Ok.*

P'taah: Also, wenn du an diesem Ort der Aufmerksamkeit bist und deinem inneren Wissen zuhörst, wirst du es finden. Wir werden dir jetzt nicht sagen, dass du eine sehr wertvolle Lektion gelernt hast, denn ihr seid hier nicht, um Lektionen zu lernen. Aber du hast etwas sehr Wertvolles in Erfahrung gebracht.

F: *Genau.*

P'taah: Richte deine Aufmerksamkeit darauf, wie sich etwas anfühlt. Und wie es ist.

F: *Ok.*

P'taah: Achte darauf, wie es gerade ist. **Statt immer den Blick nach vorne in die Zukunft zu richten und dich mehr auf die Zukunft als auf die Gegenwart zu konzentrieren, kannst du achtsam sein und fühlen, was im jeweiligen Moment die richtige Maßnahme wäre.**

Kannst du damit etwas anfangen?

F: *Ja, das kann ich. Einmal hast du zu mir gesagt, im Leben ginge es um Erfahrungen. Wir seien hier, um alles Erdenkliche zu erfahren.*

P'taah: Ja.

F: Und so habe ich heute Nacht zu meiner Frau gesagt: »Das ist wieder eine neue Erfahrung. Und ich werde jetzt nicht sagen, ob sie gut oder schlecht ist. Es ist einfach wieder eine neue Erfahrung.« (Lacht)

P'taah: Ja.

F: Das war gut!

P'taah: Natürlich, so ist es ja auch. Und ich sage es noch einmal: Vielleicht kannst du im Moment die Perle in der Situation noch nicht erkennen, doch das wird bald der Fall sein. Du wirst die Perle an dieser Erfahrung bald spüren können.

F: Weißt du, was interessant ist, P'taah? Ich lag nämlich neulich wieder mal wach im Bett, denn die ganze Geschichte hatte sich ziemlich auf meinen Schlaf ausgewirkt. Irgendwie war ich immer schon um drei Uhr früh hellwach und wälzte mich nur noch im Bett herum.

Und letzte Woche, nachdem ich die Entscheidung getroffen hatte und am nächsten Tag auf der Arbeit allen sagen wollte, dass ich aufhöre, wurde ich wach. Mir schoss der Gedanke durch den Kopf: »Oh! Die neue Geschäftsidee, die mir da gekommen ist, erlaubt mir doch im Grunde, mich an jedem beliebigen Ort auf der Welt niederzulassen und von dort aus das Produkt zu vertreiben! Hey, das ist richtig gut! Das ist die Perle, von der P'taah schon gesprochen hat, das Geschenk. Eine feine Sache.« Und am nächsten Tag sagte ich dann zu meiner Frau: »Mensch, weißt du, mit dieser neuen Geschäftsidee können wir überall leben. Wir müssen nicht in Sidney bleiben.«

Diesen Punkt habe ich also schon gesehen. Das ist das erste Geschenk von all denen, die mich noch erwarten. Ich dachte: »Wow, das ist gut. Ich kann das Gute an der ganzen Sache sehen und die Bürde abwerfen, immer an die Mitarbeiter denken zu müssen und dabei unentwegt mit dem Kopf gegen die Wand zu rennen.«

Ich meine, das war eine fortwährende Zurückweisung. Mir schien, als würden alle Register gezogen, um mich dazu zu bringen, diesen Job aufzugeben, weißt du? Eines Morgens, war ich gerade in der Firma angekommen, um mit der Arbeit zu beginnen, und dann kam ein Mitarbeiter auf mich zu und sagte: »Wir haben gerade erfahren, dass wir den Auftrag verloren haben.«

Eine Stunde später hörte ich: »Wir haben noch einen Auftrag verloren. Der Kunde will das Produkt derzeit nicht kaufen und hat sich für etwas anderes entschieden.« Das ging ständig so, und ich versuchte dennoch mich dadurch nicht herunterziehen zu lassen. Ich konzentrierte mich auf positive Ergebnisse und fühlte, wie ich die Firma haben wollte. Aber es war einfach so, als würde alles schiefgehen, was nur schiefgehen konnte.

Und dann waren wir Anfang letzter Woche dabei, eine Bestellung abzuarbeiten, und ein Mitarbeiter hat dabei Equipment im Wert von $ 7.000 ruiniert. Das war das Letzte, was wir gebrauchen konnten. Und meine Frau sagte: »So kannst du nicht weitermachen. Das kann es einfach nicht sein«, und ich dachte im Stillen: »Stimmt, so kann ich nicht weitermachen. Es soll mich wohl zwingen, mich mit einer neuen Möglichkeit auseinanderzusetzen und es ganz anders anzugehen.«

P'taah: Ja. Und so ist es jetzt an dir, ›Danke‹ zu sagen.

F: *(Lacht) Wie wahr, P'taah! Wie wahr.*

P'taah: In der Tat.

F: *(Immer noch lachend) ›Danke‹ sagen! Ja. Nun ja, ich sage immer schon ›Danke‹. Ich singe jeden Morgen den »Danke«-Song. Aber ich sehe, wie du das meinst.*

P'taah: Und im Nachhinein siehst du jetzt sozusagen, wie wertvoll diese ganze Erfahrung für dich gewesen ist, damit du dann mit voller Kraft sagen kannst: »Danke für diese Erfahrung! Danke für das immer tiefer werdende Wissen darüber, wer ich wirklich bin. Danke für das aufregende Abenteuer mit neuen Möglichkeiten und Wahrscheinlichkeiten!

F: *Ja.*

P'taah: Sehr gut.

F: *Ich schätze, was mir jetzt nur noch im Magen liegt, das ist, dass sich mein Geschäft zuletzt als Flop erwiesen hat. Ich will natürlich nicht, dass es mit dem nächsten genauso läuft, auch wenn ich in Kürze einfach nur noch von zu Hause aus arbeiten werde. Aber es geht darum, mein angekratztes Selbstvertrauen wieder aufzubauen. Das sind Gedanken, wie: »Tja, meine letzten geschäftlichen Aktivitäten waren ein Fehlschlag. Ich muss dafür sorgen, dass es mir beim nächsten Mal nicht wieder passiert«.*

P'taah: Weißt du, mein Lieber, deine letzten geschäftlichen Aktivitäten waren kein Fehlschlag.

F: *Na ja, okay. Finanziell zwar schon, aber du hast Recht.*

P'taah: Weißt du, das ist quasi kein Unterschied.

F: *Ja.*

P'taah: Sieh mal, du hast dabei zu keiner Zeit Hunger leiden müssen, nicht wahr?

F: *Stimmt.*

P'taah: Und es gab auch keinen Zeitpunkt, zu dem du kein Bett zum Schlafen oder kein Dach über dem Kopf hattest.

F: *Sehr wahr, P'taah. Stimmt auch wieder. Ja.*

P'taah: Und du hast damit etwas geschaffen, was, wie wir sagen würden, in kommenden Zeiten wichtig werden wird. Weißt du, jede Handlung und jede Sache hat ihre eigene Zeit.

F: *Ja.*

P'taah: Und du bist sozusagen ein Pionier mit dem, was du da geschaffen und konzipiert hast. Siehst Du?

F: *Ja, absolut.*

P'taah: Nichts ist also wirklich verloren. Und was deine Mitarbeiter angeht, so ist das Ganze auch für sie wertvoll. Vergiss auch nicht, dass das alles auch eine Co-Kreation ist!

F: *Ja.*

P'taah: Du solltest nicht die Verantwortung für etwas zu übernehmen, für das du nicht verantwortlich bist.

F: *Nein. Und darin bin ich ganz schön gut gewesen. Ich meine, ich habe mein ganzes Geld dafür ausgegeben, ihren Lebensunterhalt zu zahlen. Sie sind alle um die 30, 35 oder 40 Jahre alt. Ich selbst bin viel älter. Von daher haben sie viel bessere Chancen, einen neuen Job zu bekommen. Und sie haben bei der Arbeit für unsere Firma eine Menge gelernt.*

P'taah: Ja.

F: *Du hast Recht. Es stimmt, auf was du mich hingewiesen hast. Es war eine großartige Erfahrung. Und was das Finanzielle angeht: Nein, ich musste nicht hungern. Und ja, ich habe daran nichts verdient. Wahrscheinlich habe ich etwas Geld verloren. Aber mit unserer Geschäftsidee sind wir Pioniere. Unser Konzept ist fantastisch. Unsere Welt wird davon profitieren, wenn diese Idee nach und nach in Gebäuden umgesetzt wird.*

P'taah: Sehr gut!

F: *P'taah, es gibt noch ein paar Dinge, die ich dich zum Selbstvertrauen fragen möchte und darüber, wie ich es schaffe, es mir zu bewahren. Hast du dazu irgendwelche Tipps für mich? Ich mag es nicht, mein Selbstvertrauen verloren zu haben, denn eigentlich habe ich viel davon und bin nur von dem Ganzen noch etwas angeschlagen. Gibt es also eine Technik, die du mir aufzeigen könntest?*

P'taah: Nun, mein Lieber, eine Frage an dich: Hast du Vertrauen in dein Produkt?

F: *Ja! Absolut.*

P'taah: Gut. Wenn du von fehlendem Selbstvertrauen sprichst, denkst du also im Grunde daran, dass du kein Geld damit verdienst, oder?

F: *Ja, wahrscheinlich. Ja.*

P'taah: Ja. Und, weißt du, Tatsache ist, dass du ja durchaus immer Geld verdient hast. Manchmal nur nicht so viel wie dir lieb gewesen wäre, verstehst du?

F: *Ja.*

P'taah: Du erinnerst dich daran, dass du in Wirklichkeit deine Bankgeschäfte mit der ›Universellen Bank Unendlicher Fülle‹ machst, hmmm?

F: *Ja.*

P'taah: Und dass du im Grunde nur hier bist, weil es so aufregend und ein solches Abenteuer ist, zu erleben, wie du Dinge erschaffen kannst.

F: *Ja, das ist auch wieder wahr. Und ich bin ja schließlich im Begriff, etwas Neues zu erschaffen, oder etwa nicht?*

P'taah: Ja, siehst du? Und ob du etwas Wunderbares für euren Planeten erschaffst oder Geld oder Babys oder Beziehungen – alles ist letztlich ein Erschaffen, das zu eurem Wesen gehört.

F: *Richtig.*

P'taah: Der Mensch ist in seinem Alltag außerordentlich kreativ. Ihr könnt gar nicht anders, da ihr die Wirklichkeit so erschafft, wie sie eurem Verständnis nach ist.

F: *Ja.*

P'taah: Ihr könnt nicht aufhören, kreativ zu sein. Und es gibt nichts, was ihr dagegen tun könntet. Ihr könnt vielleicht damit aufhören, auf die eine oder andere bestimmte Art und Weise kreativ zu sein, aber in Wahrheit seid ihr alle schon aufgrund eurer Natur außerordentlich kreative Wesen. So sieht es in Wahrheit aus.

F: *(Lacht) Ja.*

P'taah: Wenn du dir also dein Unternehmen anschaust, dessen Betrieb du eingestellt hast, dann kannst du es dir ansehen und ehrfürchtig staunen, wie kreativ und erfolgreich das Ganze gewesen ist. Denn das war es. Herausforderungen gab es ja eigentlich nur im Hinblick auf das Geld, nicht bezogen auf das Produkt, nicht wahr?

Und so würden wir sagen: **Lenke den Fokus auf deine eigene außerordentliche Kreativität und den Dank für sie und wisse, dass du jederzeit unsere volle Unterstützung hast.** Genau das hat dich ja in diesen letzten Jahren gewissermaßen bei allen Herausforderungen weitermachen lassen. Stimmt's? Und wenn du es aus dieser Perspektive heraus betrachtest, erkennst du doch, wie wahr das ist, oder?

F: *Ja. Das ist sehr wahr. Mir ist das sonnenklar.*

Das Interessante ist jedoch, das jetzt, wo wir so darüber sprechen, ich einfach nur noch will, dass die alte Firma mit allem, was davon an Sachen und Geschäftsbeziehungen noch übrig ist, einfach passé und erledigt ist und ich zu neuen Ufern aufbreche.

P'taah: Genau. Genau das. Und die Zeit ist reif dafür. **Und wir würden dir nahelegen, mein Lieber, bei diesem Unterfangen auf die rechte Balance zu achten, im Hinblick auf deine Beziehungen, deine Liebste, deinen Fokus, dein eigenes Wohlergehen etc.**

Sei darauf bedacht, dein Gleichgewicht zu bewahren. Du kannst diese Balance spüren, wenn du dabei bist, zu danken und dankbar zu sein. Und während du bei Tag, am Abend oder in der Nacht deinen Angelegenheiten nachgehst, achte einfach darauf, wie es sich anfühlt, diese Balance beizubehalten.

F: *Ja. Ich sollte manchmal nicht so besessen sein von dieser ganzen Sache mit der Firma. Meine Frau ist diesbezüglich schon sehr deutlich geworden. Sie sagt: »Ich will ein Leben!« Und ich habe geantwortet: »Ich auch.« Denn so jung sind wir auch nicht mehr, und wollen mehr an unsere Zukunft denken und das Leben genießen.*

P'taah: Oh ja. Und ob. Nun, mein Lieber, da können wir dich nur dazu beglückwünschen. Weißt du, die Unterstützung für euch ist immer da, wenn ihr sie zulassen könnt. Aber wenn ihr euch so intensiv in etwas verrennt, könnt ihr nicht einmal den Gedanken zulassen, auch anders zu sein. Verstehst du?

F: *Jawohl.*

P'taah: Das ist quasi auch das, was wir mit ›Gleichgewicht‹ meinen. Wenn du im Gleichgewicht bist, schaffst du einen Raum, in dem du in der Lage bist, eine vielleicht einigermaßen unparteiische Entscheidung oder Wahl treffen zu können. Wenn das Gleichgewicht aus dem Lot geraten ist, habt ihr häufig das Gefühl, es gehe nirgendwo weiter und ihr hättet keine Wahl.

F: *Das Gleichgewicht spielt also in meiner nächsten Phase auf jeden Fall eine wichtige Rolle.*

P'taah: Siehst du, wenn du die letzten Jahre deines Lebens bis heute betrachtest, kannst du tiefes Mitgefühl für Menschen aufbringen, die ganz schön in die Klemme geraten und sich emotional soweit aus dem Lot fühlen, dass sie ernsthaft das Gefühl haben, ihnen bliebe gar nichts anderes übrig, als so oder so zu handeln. Stimmt das?

F: *Der Punkt, der für mich Anlass zur Sorge sein könnte oder an dem ich vorsichtig sein muss, P'taah, ist einfach dieses negative Glaubenssystem. Das* *meldet sich immer wieder und sagt:* »*Schön und gut, aber das funktioniert ja wohl nicht.*«

P'taah: Weißt du, Geliebter, wenn es dazu kommt, halte einfach inne und atme. **Und erinnere dich an die größte Wahrheit, dass du ein vollkommener und ewiger Ausdruck der höchsten Quelle bist und dein natürliches Wesen eine unendliche Kreativität besitzt.**

Selbst die Tatsache, dass ihr atmet, ist kreativ, wisst ihr. Und auch die Art, wie ihr euch am Leben erhaltet, was jedoch unbewusst geschieht; und wie ihr das Wunder des Körpers am Leben erhaltet, ist ganz außergewöhnlich kreativ. Ihr seid rundum von Kreativität umgeben. Ihr seid quasi, wie wir sagen würden, von Erfolg umgeben.

F: *Ja.*

P'taah: Ihr selbst seid ein Erfolg.

F: *Ja, danke.*

P'taah: Es geht einfach darum, innezuhalten und in dieses Gefühl hinein zu atmen.

F: *Das mit dem Glaubenssystem ist auch nur etwas Flüchtiges. Es ist nicht so, dass ich mich länger damit aufhalten würde. Es blitzt einfach nur so auf. Ich sage mir dann so etwas wie:* »*Ich werde das-und-das machen ... oh je, dass funktioniert womöglich nicht ... ui, das geht wahrscheinlich nicht ...*« *Es geht mir nur für winzige Momente durch den Sinn.*

P'taah: Mein Lieber, vergiss nicht, selbst wenn das Ganze nicht funktionieren würde: Auch das ist in Ordnung.

F: *Das stimmt. Ja.*

P'taah: Weißt du, wir haben ja vor einiger Zeit darüber gesprochen. Und damals war die Vorstellung, die Firma zu schließen, das Schrecklichste, was du dir vorstellen konntest.

F: *Ja.*

P'taah: Und jetzt siehst du absolut, dass es gar nicht schrecklich ist. Es ist ein Fenster zu einem neuen Abenteuer, einer neuen Chance.

F: *Ja. Ich weiß. Es ist erstaunlich, wie sich das in meinem Kopf zurechtgerückt hat, denn es geht einfach nur darum, mit welchen Augen ich es betrachte, richtig?*

P'taah: Absolut.

Dann, meine Lieben, übersenden wir euch beiden und allen mit der größten Liebe ein ›Namaste‹.

F (zweite Person): *Namaste, P'taah.*

P'taah: Und lebt wohl für dieses Jetzt.

Zehnte Übermittlung

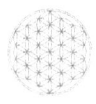

Alles ist immer vollkommen – doch ›Vollkommenheit‹ ist kein fertiges Produkt

P'taah: Meine Lieben, guten Tag.
   F: *Guten Tag, P'taah.*
P'taah: So, meine Lieben, seid ihr soweit?
   F: *(Lacht) Dafür immer, P'taah. Für ein Gespräch mit dir immer.*
P'taah: Also gut.
   F: *Ich beginne einmal mit ein paar Sachen, über die ich selbst nachgedacht habe, nachdem ich gebeten wurde, dieses Gespräch mit dir zu moderieren. Und das Erste, was ich dir sagen wollte ist, dass mir heute früh beim »Danke«-Song, den ich mittlerweile bestimmt seit zehn Jahren rezitiere, eine ziemlich freudige Erkenntnis kam. Nämlich, dass sich jede Zeile in meinem Leben in gewissem Sinn bewahrheitet hat. Dass ich an diesem Punkt jetzt zum Beispiel wirklich die Liebe wahrnehme, die ich bin und die Liebe in meinem Leben, die reiche Fülle um mich herum, die Freude, das Wohlergehen, das Lachen. Das ist schon außergewöhnlich. Also ich wollte dir einfach sehr dafür danken, dass du meinem Leben diese Ausrichtung gegeben hast. Und mir kam die Frage, ob du sonst noch etwas darüber zu sagen hast, was es mit dem Wunder auf sich hat, das darin steckt.*

P'taah: Nun, das Wunder besteht darin, dass es sich gewissermaßen um eine sich ›selbst erfüllende Prophezeiung‹ handelt. Weißt du, wir sagen ja schon seit vielen, vielen Jahren, wie wichtig es ist, sich dem Danken und der Dankbarkeit hinzugeben. Und hier kommt eine kleine Erinnerung, wie das funktioniert.

Jeder von euch, ist gewissermaßen ein Mikrokosmos des multiversellen Makrokosmos. Und, wisst ihr, wenn ihr von diesem Planeten, eurer Erde, abhebt und euch an einem Ort befindet, von dem aus ihr die Multiversen – Universen innerhalb von Universen –, betrachten könnt, seht ihr die Farben der energetischen Frequenz, die von jedem Teil der Multiversen ausgestrahlt wird.

Dabei verfügt jeder Planet und jede Planetengruppe nicht nur über diese außerordentlichen pulsierenden Farben von Energie, sondern auch über die Klänge der Energien, die mit großen Sinfonien gleichzusetzen sind. Als hätte jeder Planet seine eigene Note, die sich mit der eines jeden anderen Planeten, Sterns und Bewusstseinskörpers vermischt, um diese außerordentliche Klangsinfonie zu erschaffen. Das ist die magischste und wundervollste Musik.

Nun, wenn ihr euren Planeten, eure Erde betrachtet, so seht ihr, dass dieser Planet außerordentliche Wellen von Farben und Musik aussendet, die schon für sich genommen eine eigene Sinfonie ergeben. Und diese besteht aus allem, was auf und in dem Planeten Erde existiert – und natürlich aus der vereinten Energie der Göttin Erde selbst.

Und nun kommen wir zu jedem einzelnen Menschen. Jeder Mensch ist gewissermaßen ein Körper aus Energie und Bewusstsein. Der physisch körperliche Ort, an dem wir uns hier befinden, verdeckt beinahe das Leuchten der Energiewellen und die Musik, die durch diese Farb- und Klangschwingungen entsteht.

Viele, viele von euch arbeiten schon länger mit der Idee vom Gesetz der Anziehung. Und wir haben euch wie vielen anderen gesagt, dass ihr die Realität durch eure Gedanken und Glaubenssätze erschafft. Und dann sind wir noch einen Schritt weiter gegangen und haben gesagt: Ihr erschafft sie durch eure Gedanken und Glaubenssätze, aber natürlich auch durch die Emotionen, und zwar insbesondere durch die Emotionen, die durch diese Gedanken und Glaubenssätze entstehen.

So ist es. Das Gesetz der Anziehung besagt, dass ihr das anzieht, was diesem erstaunlichen Licht- und Klangkörper entspricht, der ihr seid – der Energie, die ihr seid. **Wenn ihr also dankt und eure Dankbarkeit bezeugt, seid ihr mit eurem ganzen Sein, eurem Geist und eurem Herz, mit diesem universellen Bewusstsein verbunden, dass keinen Mangel in irgendeiner Form kennt.**

Ihr seid gewissermaßen offen für dieses erstaunliche Bewusstsein, diese Unendlichkeit von Fülle. Und was ihr mit euren Danksagungen und dem Gefühl eurer Dankbarkeit bewirkt, ist, dass ihr, eure Farben und eure Musik auf das universelle Bewusstsein abgestimmt werden. Und natürlich zieht ihr dann das an, was dieser Frequenz entspricht oder sich mit ihr verbindet. Auf diese Weise gilt: Je mehr ihr mit dieser unendlichen Fülle alles Wunderbaren harmoniert, desto mehr von dieser Fülle erfahrt ihr tatsächlich in eurem Alltag.

Das Ganze dient also gewissermaßen dazu, dass ihr eingehender versteht, wie es kommt, dass ihr umso mehr Wunderbares anzieht, je mehr ihr in eurem Dank und eurer Dankbarkeit für die reiche Fülle all der Wunder seid. Und so wird euer Leben mehr und mehr ein Leben der Liebe, der Freude, der Harmonie, des Friedens. Ihr werdet immer mehr von Wertschätzung für diese machtvolle spirituelle Wesenheit erfüllt, die ihr seid, und die im Einklang ist mit allem um euch herum. Wir können dir also, meine Geliebte, nur sagen: **Je mehr du etwas bist, desto mehr ist davon da.** Ist das nicht außerordentlich?

F: *Außerordentlich.*

F (weitere Fragestellerin): *Ich habe eine Frage zu dem, was du gerade gesagt hast, P'taah. Als du anfingst, von den Lichtern und der Musik und den Farben verschiedener Planeten zu erzählen, kam es mir so vor, als hätte der Planet Erde so viel Schmerz und Angst zu verzeichnen, dass man sich kaum vorstellen kann, dass er wunderschöne Musik entstehen lässt.*

P'taah: Aber sieh mal, meine Liebe, im Innern der Seele eines jeden Menschen befindet sich ein Ort bzw. Anteil, der voller Wissen um das Einssein die Fühler ausstreckt. Denn das ist es, wonach ihr euch alle sehnt. Und in jedem von euch gibt es einen Raum, der mit Liebe füreinander gefüllt ist. Außerdem seid ihr Menschen nicht die einzigen Wesen auf dem Planeten.

Jede Pflanze und jede Blume, die ihr Antlitz der Sonne zuwendet, strahlt diesen wunderschönen Seinszustand aus und weiß um ihre eigene Vollkommenheit an ihrem jetzigen Platz. Und jedes Lebewesen weiß in seiner Unversehrtheit und Schönheit um seine eigene Vollkommenheit im Jetzt. Und das ist auf eine gewisse Weise auch etwas, was die Menschen dabei unterstützt, ihren Schmerz und ihre Angst zu ertragen. Denn ihr alle, die ihr euch diese Worte anhört, kennt das von euch selbst, dass ihr inmitten von Schmerz und Leid schon einmal den Blick nach draußen richtet und sagt: »Wie kann der Tag so wunderschön sein, wo ich doch so von Trauer erfüllt bin? Die Sonne scheint und die Vögel singen!« All das trägt auf eine gewisse Weise dazu bei, euch in Zeiten der Qual zu unterstützen.

F: *Das ist wunderschön. Danke.*

Wenn du so die außergewöhnliche Tragweite des Wunders beschreibst, könnte mich das auch auf eine gewisse Weise dazu bringen, meine eigene Wichtigkeit dabei zu verkennen, weißt du. Nach dem Motto, ob es denn wirklich darauf ankäme.

P'taah: Aber du siehst ja, dass es das tut! Du erinnerst dich an unsere Geschichte von dem Wandteppich, meine Geliebte. »Jeder Faden ...«, du weißt schon. Du siehst, nichts wäre vollkommen, wenn du nicht da wärest. Aber alles ist immer vollkommen. Und die Tatsache, dass du existierst, die Tatsache, dass du deinem Dank und deiner Dankbarkeit Ausdruck verleihst, die Tatsache deines Gewahrseins, deines sich unablässig erweiternden Bewusstseins, ist unverzichtbar für die Erweiterung des gesamten Bewusstseins in eurer Ebene der Wirklichkeit.

F: Ich habe eine kleine Geschichte zum Gesetz der Anziehung, die ich neulich erlebt habe und sehr interessant fand. Endlich habe ich verstanden, dass, wenn ich den Fokus auf das lenke, was ich möchte, und vor allem auf das, was mir Freude machen würde und Freude macht, viel mehr davon habe, als wenn ich mich auf das einschieße, was ich nicht habe.

P'taah: Ja.

F: In meiner Wohnung habe ich einen wunderschönen Ausblick. Als ich sie kaufte, war die Aussicht geradezu unglaublich, bis dann ein Gebäude davor gebaut wurde, das meine freie Sicht ein klein wenig einschränkte. Ich weiß nicht, was ich davor so alles gedacht haben mag, um diesen Bau in mein Leben zu ziehen. Aber mir war klar, dass wenn erstmal Wassertanks auf das Dach kämen, wäre es um meinen Ausblick geschehen. Also konzentrierte ich mich bewusst darauf, wie schön die Aussicht war, die mir bislang noch blieb und wie sehr ich sie genoss, statt bekümmert daran zu denken, dass es bald um sie geschehen sein würde. Und als dann die Wassertanks aufs Dach kamen, stellte sich heraus, dass es solarbetriebene Tanks waren, die meine freie Sicht nicht mehr einschränkten als vorher. Das fand ich also wirklich interessant. Ich dachte mir: »Wie kann ich etwas an dieser Realität ändern? Ich meine, ich kann die Leute ja nicht davon abhalten. Diese Tanks kommen einfach aufs Dach.« Aber Tatsache war, dass ich sie gewissermaßen doch davon abgehalten hatte. Ich habe die Situation zu meinem Vorteil gewendet.

P'taah: Ja.

F: Für mich war das verblüffend. Interessant.

P'taah: Weißt du, meine Liebe, je mehr du diese beliebigen Fügungen wahrnimmst und verstehst, dass du diejenige bist, die bei der Erschaffung dieser Wirklichkeit mitwirkt, desto mehr Kraft liegt darin. So viele von euch bemerken überhaupt nicht die kleinen Wunder, die sie erschaffen. Und es ist wichtig, dass ihr sie wahrnehmt und sagt: »Ist es nicht wunderbar, welche Macht ich habe? Dass ich Dinge so erschaffen kann, wie sie mir Freude machen!« **Und je mehr ihr euch auf das konzentriert, was ihr habt, desto mehr werdet ihr haben. Je mehr ihr den Fokus auf das richtet, was ihr nicht habt, desto weniger werdet ihr haben.**

F: *Ja, das begreife ich mittlerweile.*

P'taah: Gut.

F: *Die Botschaft ist angekommen und ich habe mich darüber gefreut, weil ich sie leicht verstehen konnte und sie keine emotionale Reaktion in mir ausgelöst hat. Denn manchmal denke ich, dass ich bei bestimmten Sachen das Gefühl habe, unterlegen zu sein. In diesem Fall haben die Leute das Gebäude gebaut und ich meinte, ich könnte nichts tun, um zu verhindern, dass sie mir die Sicht verbauen. Und dann kam mir der Gedanke: »Konzentriere dich nicht darauf!«*

P'taah: Genau das. Und, weißt du, dieses Gefühl der Machtlosigkeit ist für euch alle ein großes Thema: Es ist eines der vier grundlegenden Ängste. Oft ist euch gar nicht bewusst, wie ihr dieses Ohnmachtsgefühl verstärkt. Auf eine gewisse Weise sagen wir auch genau deshalb zu euch: **Lenkt den Fokus nicht allzu sehr auf eure Nachrichten im Fernsehen oder euren Zeitungen, denn wenn ihr mitbekommt, was sich im negativen Sinne in eurer Welt so alles abspielt, verstärkt es euer Gefühl von Ohnmacht.** Das geschieht durch das Wissen, dass ihr daran nichts ändern könnt, auch wenn das, wovon ihr da gerade lest, sich gar nicht unbedingt auf euer alltägliches Leben auswirkt. Die Angst davor, machtlos zu sein, ist ein Teil des kollektiven Bewusstseins.

F: *Eine der aktuellen Fragen, die hier eingegangen sind, bezog sich sogar genau darauf. Die Frage lautete: »Kannst du uns etwas darüber sagen, wie wir uns selbst beruhigen können, wenn uns Negativschlagzeilen erreichen, wie etwa, dass die Wilderei von Nashörnern und Elefanten immer extreme Ausmaße annimmt?« Die Leser spüren, wie ihre Schwingungsfrequenz bei solchen Meldungen über Tierquälerei deutlich absinkt und wissen nicht, wie sie da wieder herauskommen* können.

P'taah: Nun ja, als erstes würden wir dazu sagen: »**Hört auf, die Schlagzeilen zu lesen**«. **Und das scheint recht leicht dahingesagt, aber wir meinen es damit wirklich ernst. Ihr alle kennt die entsetzlichen Dinge, die sich so abspielen.** Jeder Erwachsene auf eurer Ebene der Wirklichkeit ist sich der einen oder anderen Schreckenstat bewusst, die sich auf eurer Wirklichkeitsebene abspielt.

Wie also könnt ihr es ändern? Ihr könnt, wenn ihr an Tiere oder Menschen denkt, die Gewalt erfahren und daran sterben, ihnen eure Liebe schicken. Werdet einfach für einen Moment still und versteht innerlich, dass sie nach Hause gegangen sind und nun jenseits von allem Schmerz und allen Qualen dieser Wirklichkeitsebene sind. Und ihr könnt sie segnen: »Danke, dass ihr uns gewissermaßen aufzeigt, was wir uns für diese Wirklichkeitsebene nicht wünschen.«

Eine Möglichkeit ist auch, selbst das tun, was ihr andere lehren wollt, indem ihr ein eigenes Beispiel gebt oder indem ihr das tut, was euch sonst noch einfällt, um die Liebe, die Ehrerbietung und den Respekt für alles auf eurer Wirklichkeitsebene zu vermitteln. Aber ihr müsst wissen, wie wir euch schon viele Male gesagt haben: **Ihr bringt die Kriege nicht zum Aufhören, indem ihr den Krieg hasst. Ihr stoppt sie, indem ihr den Frieden liebt.**

Und das gleiche gilt für jede Form von Uneinigkeit auf eurer Wirklichkeitsebene. Je mehr ihr in eurem eigenen Sein in Liebe, Ehrerbietung und Respekt vor allen Geschöpfen, allen Dingen und allem anderen leben könnt, was in eurer Dimension existiert, und je mehr ihr ein Beispiel für all das seid, umso mehr wird das zu eurem größten Geschenk an euren Planeten, **denn ihr habt wirklich nicht die leiseste Ahnung, welche Macht euch gegeben ist. Die Liebe ist der Klebstoff, der das Universum zusammenhält.** Eure Liebe ist die Gottheit von allem was existiert, versteht ihr? Und indem ihr eure eigene Quelle der Liebe, des Mitgefühls, der Ehrerbietung und des Respekts anzapft, unterstützt ihr die Heilung. Und segnet jedes Geschöpf, das diese Ebene verlassen hat, indem ihr ihm sagt: »Du bist nach Hause zurückgekehrt.«

F: *Ja. Manchmal bin ich an einem Punkt, wo ich es nur dann als wirklich wichtig erachte, etwas zu verändern, wenn ich selbst mit mir und meiner Wahrheit nicht im Einklang bin. Und wenn ich sehe, dass andere nicht im Einklang sind, sagt ihr, wir sollten ihnen Liebe schicken. Natürlich verurteile ich solche Menschen auch hin und wieder, denke aber, dass ich das nicht machen sollte, weil es nichts bringt.*

Ist das richtig, was ich meine? Ist es im Grunde alles, was ich an diesem Punkt tun kann, im Einklang mit mir selbst zu sein?

P'taah: Ja.

F: *Ok.*

P'taah: Aber rede das nicht klein. Das alles hat schon sehr große Ausmaße. Verstehst du?

F (zweite Person): *Naja, nicht so richtig. Wie meinst du das?*

P'taah: Nun, wenn du sagst, im Einklang mit dir zu sein, sei alles, was du tun kannst, dann sage das nicht in dem Sinn, dass das weniger Wert ist, als irgendetwas anderes. Verstehst Du? **Es ist eine grandiose Sache, im Einklang zu sein. Und achtsam genug zu sein, um es zu** erkennen, wenn du im Einklang bist und dann dabei den Frieden, die Harmonie und die Dankbarkeit zu spüren. Das ist in gewisser Hinsicht ein solides Fundament, um denjenigen Liebe und Segen zukommen lassen zu können, die nicht im Einklang sind oder die Schmerz und Angst erleben. **Und wisst ihr, genau dieser Schmerz und diese Angst sind es, was bei euren Wesen und eurem ganzen Planeten eine Form der Zerstörung anrichtet, nämlich die Vergewaltigung und Plünderung eures Planeten und all seiner Geschöpfe. Das alles entsteht quasi nur aus Schmerz und Angst.**

In eurem eigenen Wissen gefestigt zu sein und in der Lage zu sein, Liebe und Segen schicken zu können, ist also in der Tat etwas ziemlich Außergewöhnliches. Und je mehr von euch das können, desto schneller werdet ihr die Heilung bewerkstelligen. Denn, wie wir bereits gesagt haben, Liebe ist der Klebstoff, der alles zusammenhält. Die Liebe ist das ›Göttliche am Dasein‹ und die Fülle und Vollendung eures Lebensplans, der darin besteht, die Möglichkeiten eurer eigenen Voraussagen selbst zu erfüllen. Dabei wisst ihr, dass ihr heil und ganz sein könnt. Verstehst du?

F: *Das verstehe ich. Ein Problem, das ich damit habe, ist, dass ich feststelle, dass ich mit meinem Glauben an die Liebe ziemlich allein da stehe und der Tatsache ins Auge blicke, dass die Liebe in der Wirklichkeit anderer nicht unbedingt immer vorkommt. Und dass sie in ihrer Wirklichkeit vielleicht von großem Leiden, Schmerz, Krankheit und von all den ganzen Arten von Leid, die es so gibt, geprägt sind. In meiner Sichtweise der Wirklichkeit kann ich das nicht weiter ausblenden. Man hält mich für selbstverliebt und denkt, dass ich versuche, eine illusionäre Blase um mich selbst herum aufrechtzuerhalten. Jetzt habe ich immer die Sorge, dass ich plötzlich von einer Flut von Angst, Schmerz und Leid der restlichen Welt hinweggeschwemmt werde, weil wir ja alle Teil einer gemeinsamen Wirklichkeit sind.*

P'taah: Meine Geliebte!

F: *Ja.*

P'taah: Genau darin liegt der Zwiespalt. Aber denke daran: Alles ist immer vollkommen.

F: *Was meinst du damit? (Lacht)*

P'taah: Nichts weiter als das. **Was auch immer du für Gefühle über dich hast, sei es körperlicher oder seelischer Schmerz oder was auch immer deine Welt an den Rand der Vernichtung zu bringen scheint – werde einfach still, atme und erinnere dich: »Alles ist immer vollkommen.«**

F: *Zuvor wurde ja bereits die Frage gestellt, wie man sich selbst beruhigen kann. So macht man das also?*
P'taah: Ja.
F: *Innehalten und atmen und wissen, dass alles immer vollkommen ist.*
P'taah: Ja, weißt du?
F: *Nicht einmal ich weiß das, P'taah. Das ist das Problem.*
P'taah: Aber wenn du es sagst, wie fühlt sich das an?
F: *Es fühlt sich sehr gut an. (Lacht)*
P'taah: Es fühlt sich sehr nach Ausdehnung an, weil es weit macht.
F: *Ich würde mir wünschen das zu verstehen. Ich würde gerne wirklich wissen, was das bedeuten soll, dass alles vollkommen ist. Die anderen Aussagen habe ich ja verstanden, aber bei dem Punkt bin ich mir nicht sicher, ob ich das wirklich begriffen habe.*

P'taah: Nun, hier gibt es sogar noch einen weiteren Punkt dazu. Nämlich dass selbst diejenigen, die den Schmerz und den Terror verursachen zu scheinen, das im Dienst der Erfüllung eines groß angelegten Plans tun.

F: *Da gibt es durchaus eine Ebene, auf der ich das sogar sehen kann. Denn man kann die Geschenke und Gaben, die einem gegeben wurden, nicht wirklich zu würdigen wissen, wenn man nicht auch die Kehrseite davon kennt.*

P'taah: Nun, das ist vielleicht nicht immer so, aber aus deiner Perspektive stimmt es.

F: *Stimmt. Ich kann mir sogar vorstellen, wo das nicht ganz stimmt.*

P'taah: Ja. Du musst auch kein richtig ekelhaftes Essen probieren, um zu verstehen, wie köstlich ein Eis ist!

F: *(Lacht) Richtig.*

P'taah: Hmmm.

F: *Ja, doch es gibt etwas in mir, das mich mit meiner Vorstellung von Vollkommenheit nicht weiterkommen lässt und ich deshalb den Sprung zu dem Wissen, dass alles vollkommen ist, nicht schaffe. Ich denke, das muss wohl eine alte Geschichte sein. Ich bin nicht ganz sicher, warum das so ist.*

P'taah: Beschreibe dich einmal. Fange bei der Vollkommenheit an.

F: *(Lacht)*

P'taah: Siehst du, meine Liebe, wenn wir euch als Vollkommenheit beschreiben, die sich bis in alle Unendlichkeit entfaltet, dann seid ihr genau das. **Siehst du, alle Welt denkt bei »Vollkommenheit« an ein fertiges Produkt, aber so ist es nicht.**

F: *Ich vermute, dass wenn ich mir vorstellen will, dass wir alle vollkommen sind, ich mich auf eine weit entfernte Ebene begeben muss, um das Ge-*

samtbild zu sehen. Und das ist mir dann zu weit entfernt von dem Punkt, an dem ich jetzt gerade stehe. Wenn ich mitten im Leben bin, tue ich mich schwer, die Vollkommenheit zu erkennen. So ist das. Und ich denke, du hast wohl Recht. Wenn ich mich in die Stille begebe, dann bringt mich das geradezu weit weg. Es bringt mich nach innen und nach außen im gleichen Sinne.

P'taah: Genau.

F: Ja, es bringt mich aus dem ganz unmittelbaren Gefühl heraus, darin festzustecken.

P'taah: Genau.

BEWUSSTSEINSVERÄNDERUNG GESCHIEHT ALLMÄHLICH

F: *In der Vergangenheit kursierten schon so oft irgendwelche Daten, zu denen angeblich etwas Bestimmtes zu erwarten sei. Und diese Tage kamen dann schließlich und verstrichen, ohne dass etwas passierte.*

Kannst du uns etwas über die Geschehnisse in 2012 sagen, was als Ende des Mayakalenders bekannt wurde. Du hast das bereits als eine Bodenwelle beschrieben, die uns tüchtig durchrütteln kann.

P'taah: Wir haben hier von einem Portal gesprochen. Wir würden sagen, dass dieser Zeitpunkt also einfach der Eintritt in den Anfang eines neuen Zyklus ist, der die reale Möglichkeit in sich birgt, dass ihr eine Transformation des Bewusstseins erfahrt.

Aber das ist nichts Neues. Es hat sich fast über die letzten hundert Jahre eurer Zeit hin entwickelt. Und so würden wir sagen, vor allem für die letzten hundert Jahre könnt ihr es sogar an euren technologischen Fortschritten eurer Wissenschaften ablesen.

Nun erlebt ihr technologisch so einiges. Aber worauf laufen diese ganzen technologischen Neuerungen hinaus? Worin münden sie? Und wir sagen euch, wohin es euch als Bewusstseinskörper führt, nämlich zu einem besseres Verständnis vom Wesen eurer Wirklichkeit und davon, was ihr seid.

Und so ermöglicht diese Zeit, wenn ihr so wollt, Bewusstseinssprünge und Wissenssprünge. Hierbei geht es um Wissen darüber, wer und wie ihr in der größeren Realität jenseits eurer Daseinsebene seid, jenseits eures Planeten, in der mikroskopischen wie auch der makroskopischen Realität. Beides ist letztlich dasselbe, aber wir nutzen hier eure Begriffe.

Ihr wisst, dass wir ja vor vielen Jahren von der Möglichkeit einer Veränderung des Bewusstseins der breiten Masse gesprochen haben. Und diese Möglichkeit bestand, aber sie wurde transformiert. Sie wurde verändert und das ist in Ordnung so. Alles ist immer vollkommen und so verläuft der Weg nun anders. Er ist durchaus nicht weniger gültig. Er ist nicht besser oder schlechter. Nein. Er ist einfach nur. So ist es und das ist gewissermaßen der Weg, den ihr als Massenbewusstsein gewählt habt.

F: Könntest du beschreiben, inwiefern unser Weg jetzt anders verläuft? Was ist der Unterschied?

P'taah: Die Transformation wird jetzt in sanfteren Schritten ablaufen.

F: Wir transformieren uns quasi auf die gleiche Weise in unserem eigenen Leben?

P'taah: Das auch. Außerdem wird es, würden wir sagen, Ereignisse geben, die die Masse betreffen und dabei ebenfalls helfen. Wir sprechen hier nicht von Katastrophen. Wir sagen, dass es zu Ereignissen kommen wird, die eine breite Masse betreffen und die diese Transformation ebenfalls unterstützen.

F: Ja, das verstehe ich. Ich habe neulich einen sehr guten Film darüber gesehen, was passierte, als die Zwillingstürme in New York einstürzten. Dabei ging es um eine Seite der Geschichte, die ich zuvor noch nie gesehen hatte. Nämlich um die ganzen Leute, die mit ihren Booten kamen, um Menschen in Sicherheit zu bringen, die von der Insel Manhattan herunterzukommen versuchten. Ich war zu Tränen gerührt, als ich diese außergewöhnliche Fürsorge und die Liebe untereinander sah. Wie Menschen einfach sofort, ganz instinktiv, zu Hilfe eilten, weißt du. Es waren mehr Boote und Schiffe als im Zweiten Weltkrieg bei der Landung in der Normandie. Der Anblick war einfach außergewöhnlich. Auch diese Art von Massenereignis verändert etwas.

P'taah: Ja, tut sie.

F: Sie verändert etwas dahingehend, dass wir den Fokus nicht auf den Schmerz richten, der da angerichtet wurde, sondern im Grunde auf die Hoffnung, das Mitgefühl und die Liebe, die so zutage treten können.

P'taah: Ja.

F: Danke.

›Ihr seid alle aus Sternensaat hervorgegangen‹

F: *Mir ist noch eine Idee gekommen. Ich dachte gerade an die sehr wirkungsvolle Methode, wie wir mit jemandem umgehen können, mit dem wir im Konflikt stehen: Nämlich uns an sein höheres Selbst zu wenden und mit ihm zu kommunizieren. Weißt du, wenn wir ihn mitnehmen in unseren inneren Raum der Vorstellung und dort direkt von unserem Herzen zu seinem Herzen sprechen.*

Und dieser Gedanke kam mir, weil ich einer Freundin von mir, deren Tochter operiert werden musste und die OP im Krankenhaus aber immer wieder aufgeschoben wurde, gerade noch den folgenden Rat gegeben hatte: »Es spielt keine Rolle, dass du die Ärzte nicht kennst – stelle dir einfach das ganze medizinische Personal und die Leute vor, die in dieser Klinik das Sagen haben, und dass du dich an ihr höheres Selbst wendest und sagst, das wir die OP jetzt brauchen.« Und prompt erhielt sie am nächsten Tag den ersehnten Anruf, dass ihre Tochter gerade auf dem Weg in den OP-Saal sei.

Daraufhin dachte ich mir, dass wir das auch mit unseren ganzen Politikern machen sollten. Es spielt auch hier keine Rolle, dass wir sie nicht kennen. Aber wir könnten uns ja dennoch zum Beispiel an das Oberkommando der syrischen Armee oder wen auch immer wenden.
P'taah: Ja.
F: *Das wäre doch eine gute Sache, oder?*
P'taah: Ja. Genau.
F: *Ich habe nämlich den Eindruck, dass wir immer meinen, das gälte nur für unsere persönlichen Konflikte oder für Menschen, die wir kennen. Aber de facto können wir uns ja auch einfach direkt an den Mann oder die Frau an der Spitze wenden.*
P'taah: Ja. Ja, das könnt ihr.

Und ihr könnt euch ausmalen, wie das wäre, wenn es viele Menschen gäbe, die sich alle an diesen Ort der Stille begeben würden und allesamt von ihrem höheren Selbst aus und mit einem Herzen voller Liebe zu dem höheren Selbst und dem Herzen der Mächtigen der Welt sprechen würden. Wie wäre das wohl?
F: *Ich denke, das könnte sehr, sehr wirkungsvoll sein.*
P'taah: Natürlich.
F: *Genau damit habe ich jetzt ein wenig in meinen Meditationen begonnen. Und deshalb wollte ich es hier einbringen, weil ich denke, dass es auch etwas für andere ist.*

P'taah: Ihr könnt euch auch in Gruppen dazu zusammenfinden.
F: *Ja. In der Tat.*
P'taah: In Stille.
F: *Genau. Und ich denke, dass wir das auch tun können, wenn etwas durch die Nachrichten geht oder wenn wir von einer schlimmen Situation hören, wo jemand z.B. sehr aggressiv reagiert oder wenn etwa ein Alleinherrscher ein Massaker an Menschen anrichtet. Wenn wir dann mit seinem höheren Selbst in Kontakt treten, um an sein Herz oder sein Mitgefühl zu appellieren, würde sich das dann unmittelbar auswirken.*
P'taah: Ja.
F: *Großartig.*
P'taah: Eben.
F: *Ja, denn als ich dich, bei einem der Gespräche mit dir, sagen hörte, dass wir mit ziemlicher Sicherheit davon ausgehen könnten, irgendwann Besuch von anderen Spezies oder anderen Wesen zu erhalten, hatte ich die Sorge, dass unsere Mächtigen und Einflussreichen sich vor lauter Angst genötigt sähen, darauf zu reagieren. Und dass sie womöglich versuchen könnten, den Wesen, die uns besuchen würden, Schaden zuzufügen. Aber gehe ich recht in der Annahme, dass das gar nicht wirklich in ihrer Macht steht?*
P'taah: Richtig.
F: *Das dachte ich mir. Ich vermute, dass wenn die es schaffen, zu uns zu kommen, sie nicht durch unsere Waffen geschlagen werden können.*
P'taah: Und gewissermaßen ist das ja der Grund dafür, warum die Regierungen eurer Welt so sorgsam darauf bedacht sind, dass ihr das nicht für möglich haltet. Denn wenn jeder auf eurer Welt wüsste, dass es andere Zivilisationen gibt, die technologisch viel mächtiger sind und auch in jeder anderen Hinsicht viel fortschrittlicher sind, dann würde das eure Regierungen ihrer Macht berauben.
F: *Ja, in der Tat. Bleibt uns noch Zeit für ein paar weitere Fragen hierzu?*
F (Gastgeber): *Ja.*
F: *Ich hatte nämlich ein paar Fragen markiert, die damit zu tun haben und ich hätte gerne deinen Input dazu, P'taah.*
Eine Frage kam von einer Dame, die mitbekommen hatte, dass in Adelaide eine Menge UFO-Aktivitäten stattgefunden haben. Sie selbst hat noch nichts Derartiges gesehen, aber ihre Tochter und ihr Sohn haben derartiges beobachtet. Sie sagt: »Mein Sohn hat erwähnt, dass er etwas gesehen hätte, was seines Erachtens danach aussah, als hätte sich eine Person ganz kurz in ein Reptil verwandelt.« Sie fragte damals nicht nach, weil sie keine Zeit hatte. Doch mir gegenüber sagte sie: »Das irritiert mich. Sollten wir denn vor-

sichtig mit Reptilien sein?« Sie hat stapelweise Bücher gelesen und ist auch zu dem Verständnis gelangt, dass die Plejadier wegen der Reptilien besorgt wären. Kannst du ihr sagen, was sich da gerade abspielt?

P'taah: Wir würden sagen, dass das kein Grund zur Sorge ist. Wenn ihr euch die Spezies auf eurem Planeten anschaut, so sind einige darunter, die ihr Reptilien nennt, andere nennt ihr Säugetiere und wiederum andere nennt ihr Menschen und so weiter. Die Menschen sind in Wirklichkeit dabei wahrscheinlich die Gefährlichsten auf eurer Daseinsebene.

Aber lasst euch nicht vom sogenannten Äußeren täuschen. Wisst ihr, nur weil welche wie Reptilien aussehen, heißt das nicht, dass sie so verschieden von euch oder so gefährlich sind. Wir würden sagen, es besteht wirklich kein Anlass, sich deshalb Gedanken zu machen.

F: *Ich denke, wir neigen dazu, eine ziemliche Angst vor allem zu haben, was nicht so ist wie wir.*

P'taah: Ja. Und deshalb rottet ihr auch Arten auf eurem Planeten aus. Weil sie euch Angst machen. Und wenn etwas nicht so aussieht wie ihr, meint ihr, es könne nicht so intelligent sein und hätte es nicht verdient zu leben.

Seht ihr, und auf diese Weise habt ihr keine Liebe, keine Ehrerbietung, keinen Respekt. Es gibt auf eurer Ebene der Realität fühlende Kreaturen, die ihr nicht würdigt. Doch ihr wisst nichts davon.

F: *Ja. Das kann einen wirklich Demut lehren.*

P'taah: Ja.

F: *Wir haben hier noch eine Frage, bei der jemand davon ausgeht, du könntest aufgrund deiner Verbindung zu den Plejaden etwas darüber wissen. Du dürftest doch sicherlich etwas über den Planeten Mushaba und das Volk der Mushaba wissen. Jene schwarze Rasse von Wesen, die als erste aus dem Pool von Energie geschaffen wurde, noch vor Anbeginn des Anfangs, der uns Menschen aus der Bibel bekannt ist. Kamen diese vom Andromeda-Sternsystem, bevor sie auf die Plejaden umgesiedelt wurden?*

P'taah: Wir würden einfach sagen, dass ihr alle aus Sternensaat hervorgegangen seid. Und wenn wir auf die Geschichte aller Sternensaaten in Zivilisationen jenseits dieser Ebene der Realität eingehen würden, kommen wir wohl auf gut über 30.000. Die Geschichte geht in der Tat weit über eure Vorstellungen von Zeit hinaus und macht für euch auch keinen Unterschied.

Das alles sind eben Geschichten, meine Lieben, wisst ihr? Wir wissen, dass ihr diese Geschichten liebt, aber – ganz ehrlich – wenn ihr doch den Fokus lieber auf die Harmonie der Spezies auf diesem Planeten lenken würdet! Ihr findet im Grunde ja nicht einmal Frieden und Harmonie innerhalb eurer eigenen Spezies, geschweige denn mit anderen.

F: Und außerdem scheinen wir das Bedürfnis zu haben, unbedingt wissen zu müssen, woher wir kommen, anstatt uns um das zu kümmern, was gerade jetzt geschieht.

P'taah: Nun, so ist es. Aber, wie wir euch sagen: **Ihr seid alle, als Menschen oder als die Spezies namens Mensch, aus Sternensaat hervorgegangen.**

F: Jetzt werden viele wohl wissen wollen, von welchem Stern? (Lacht)

P'taah: Nun, davon gibt es viele.

F: Ja, in der Tat.

P'taah: Seht ihr?

F: Und hier ist eine Frage, die dem vielleicht eine positive Wendung geben könnte: »Wird es auf unserem Planeten jemals eine Zeit geben, zu der die Menschen in ihrer Kindheit keine Erfahrungen machen müssen, die die Grundlage für unsere Ängste sind? Oder geht es darum nicht bei unseren menschlichen Erfahrungen?«

P'taah: Nun, ihr durchlauft eine Entwicklung. Ihr entwickelt euch weiter. Und ihr seid, wie wir sagen, gewissermaßen hier, um eine Blaupause für euer Leben zu erfüllen. Und in dieser Blaupause geht es nicht um Angst.

F: Sehr schön. Das gefällt mir.

P'taah: Ja. Uns gefiel es auch, Geliebte. Wir lieben es in der Tat.

F: Ja. In der Blaupause geht es nicht um Angst. Ich denke nämlich, das ist der einzige Punkt, um den ich mich sorge, dass ich dazu gebracht werden könnte, voller Angst zu sein. Dass mich die Angst irgendwie doch noch einholt, weißt du? (Lacht)

P'taah: Geliebte, alles ist immer vollkommen, musst du wissen.

F: Das hänge ich mir an die Wand. Mal sehen, ob ich das nicht irgendwann kapieren kann.

P'taah: Sehr gut, ja. Wir bitten dich eindringlich, das zu tun.

F: Ja.

P'taah: Also, meine Lieben, genug für dieses Mal?

F: Danke, P'taah. Es war wundervoll.

P'taah: Meine Lieben, es war wie immer eine Freude, mit euch zu plaudern. Und mit der größten Liebe übersenden wir euch beiden und allen ein Namaste.

Elfte Übermittlung

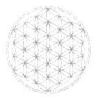

Ihr sperrt euch in eine kleine Schublade

P'taah: Guten Tag, meine Lieben.
F: *Guten Tag, P'taah.*
P'taah: Also, meine Lieben, haben wir heute wieder viele spannende Fragen?
F: *Das haben wir, und damit fangen wir auch gleich an.*
P'taah: Gut, meine Lieben.
F: *Die erste Frage bezieht sich darauf, wie man sich im Leben aus festgefahrenen Bahnen löst: »Wie stelle ich es an, dass es in meinem Leben wieder vorwärts geht und ich nicht stecken bleibe? Ich bin seit 1952 hier und seitdem warte ich darauf, dass irgendetwas ganz Wichtiges geschieht. Und ich frage mich, ob du mir da helfen kannst.«*
P'taah: Was ist ›wichtig‹? Weißt du, da das ganze menschliche Leben eine subjektive Erfahrung ist, sind alle Ereignisse oder Situationen so wichtig, wie sie von dir wahrgenommen werden.

Nun bezeichnen einige von euch die Ereignisse von Weltrang als »wichtig« und sie haben gewissermaßen das Bedürfnis nach etwas, das so aufregend ist, wie ein großes und bedeutendes Weltereignis. Und hierzu existiert eine Art Gruppenbewusstsein. Jeder von euch trägt dabei auf eine gewisse Art und Weise zu den Ereignissen bei, die ihr ›Massenereignisse‹ nennt.

Also wir würden sagen, dass zurzeit aus der globalen Perspektive jede Menge wichtiger Ereignisse stattfinden. Was ihr jedoch für euch persönlich als ›wichtige Ereignisse‹ bezeichnen würdet, hängt voll und ganz von jeder einzelnen Person ab.

Viele von euch werden jedoch euer Leben lang das wählen, was ihr als ungefährlich erachtet oder was den Vorstellungen eurer Gesellschaft entspricht. Viele von euch würden sozusagen nicht ausscheren. Und so sind die Abenteuer, die ihr erlebt, dann vielleicht eher intellektueller Natur als physischer Natur.

Sehr oft nehmt ihr quasi die Wichtigkeit von Ereignissen erst wahr, wenn sie vorbei sind. Dann erkennt ihr rückblickend: »Wäre da nicht dieses und jenes sehr wichtige Ereignis gewesen, würde ich heute nicht dies und das tun.«

Wie schafft ihr es also, euch wirklich aus den ewig gleichen Bahnen in eurem Leben herauszulösen? Indem ihr einfach nie dagewesene Entscheidungen trefft, um eurem Herzen zu folgen statt der Logik oder dem sicheren Weg!

F: *Hmmm!*

P'taah: Was können wir dem noch hinzufügen? Oh, wir würden wahrscheinlich einfach sagen: ›Haltet die Augen offen‹, wenn es um wichtige Ereignisse geht, denn natürlich haben diese stattgefunden und werden weiterhin stattfinden.

F: *Ja, klar! ›Haltet die Augen offen!‹ Ich habe das sogar in einem Newsletter geschrieben: ›Haltet die Augen offen.‹ Ich nehme bei vielen Menschen eine enorme Frustration wahr, weil sie irgendwie denken, ihr Leben sollte viel aufregender sein, als es ist. Nur sind sie, wie du schon sagst, in vielen Fällen nicht gewillt, die Art von Entscheidungen zu treffen, die ihnen Aufregung und Spannung bescheren würden.*

P'taah: Und sieh mal, es kommt darauf an, was sie wirklich wollen. Mitunter seid ihr als eine Gruppe von Menschen oder als Gesellschaft wirklich ziemlich unbeweglich in euren Wahrnehmungen. **Und da ihr nicht besonders im Jetzt lebt, entgehen euch eine Menge Dinge, die sehr wichtig sind. Euch entgehen Dinge von großer Schönheit. Ihr verpasst Gelegenheiten. Ihr verpasst es, voll und ganz präsent zu sein, um das, was sich in eurem Leben abspielt, wirklich aufnehmen zu können.**

Bei euch gibt es das, was ihr Multitasking nennt. Etwas bei dem ihr vieles gleichzeitig macht und auf nichts davon sonderlich viel Aufmerksamkeit richtet. Und dabei lebt ihr in der Zukunft, statt den Fokus auf das Jetzt zu richten.

F: *Ja. Es ist schon absolut erstaunlich, wenn ich es mir so überlege. Die ganzen Wunder, die uns auf allen Seiten umgeben und die wir meist gar nicht mitbekommen, in welcher Form auch immer.*

P'taah: Ja. So ist das.

F: *Um sich also von den eingefahrenen Gleisen zu lösen, heißt es dann, präsent zu sein. Und sich nach seinem Herzen zu richten. Ich schätze, das sind wohl schon einmal zwei wichtige Punkte daran.*

P'taah: Ja.

F: *Prima. Die nächste Frage ist ein Stück weit ähnlich. Sie dreht sich darum, unseren Lebenszweck zu finden:* »Wie wohl so viele Menschen habe ich *das Gefühl, noch etwas anderes mit meinem Leben anfangen zu sollen. Als würde es etwas geben, das ich ›eigentlich‹ tun sollte oder gerne tun würde, aber ich kann es nicht so recht greifen. Entweder liegt es daran, dass ich nicht genau weiß, was es ist, oder aber – und das ist auch gut möglich – daran, dass ich mir Umstände kreiere oder Entscheidungen treffe, die mich davon abhalten.«*

P'taah: Ja. Das ist richtig, weil es nicht wirklich etwas gibt, was ihr ›eigentlich‹ tun solltet. Lasst euch von eurem Herzen leiten und folgt eurer Leidenschaft. Viele von euch haben noch keine einzige Sache gefunden, die ein leidenschaftliches Interesse oder Hobby darstellt und auch das ist in Ordnung. **Wenn ihr euch also in einer kleinen Schublade einsperrt und nicht auf das Herz hört, findet ihr keine Erfüllung.** Um auf deine Frage zu antworten, was du tun solltest: Du solltest ein erfülltes Leben führen. Wenn du das nicht tust, so liegt es daran, dass du nicht die Entscheidungen triffst, die deinem Herzen dienen. Und das ist wirklich alles, was wir dazu sagen können.

F: *Und so rührt das Gefühl tiefer Traurigkeit und Hoffnungslosigkeit wahrscheinlich daher, nicht ganz im Jetzt zu sein oder nicht das zu sehen, was im Augenblick geschieht und sich stattdessen vorzustellen, wie man meint, dass es sein sollte.*

P'taah: Ja, in der Tat.

Chakren

F: *Hier eine Frage von einer Person, die diese Gespräche schon seit langem verfolgt und gerne mehr über unsere Chakren wüsste. Welche Bedeutung oder welchen Zweck haben sie eigentlich?*

P'taah: Wisst ihr, wenn ihr den ›Menschen‹ betrachtet – denn das ist ja das, was für euch am wichtigsten ist – und ihr schaut ihn euch mit dem inneren Auge an oder blickt durch den physischen Körper hindurch, so könnt ihr den Energiekörper sehen. Er erfüllt den physischen Körper mit Leben. Wenn ihr sterbt, liegt es daran, dass der energetische Körper den physischen Körper verlassen hat. Er bewohnt oder belebt euch in eurer Körperlichkeit, so dass das, was sie zusammenhält, geht und das, was übrig bleibt, sich wieder in die Erde oder das physische Universum zurückzieht.

Wenn ihr also einfach die nicht-physische Realität eines Menschen betrachtet, so seht ihr, dass es sich in der Tat um einen Lichtkörper von pulsierender Energie mit bestimmten Kraftpunkten handelt, die nach außen strahlen, um so alle Teile des menschlichen Körpers mit Leben zu erfüllen.

Die eigentliche Bedeutung dieser Chakren besteht also schlichtweg darin, dass es sich um Energie-Kraftpunkte handelt, die alle sonstigen Bestandteile beleben und gewissermaßen für den nichtkörperlichen Aspekt stehen. Diese Kraftpunkte sind quasi die Vermählung zwischen dem Nicht-Physischen und dem Physischen. Das dürfte die einfachste Erklärung sein.

F: *Und Mantragesänge oder Kristallschalen oder was es in der Welt da draußen sonst noch so alles gibt, um die Chakren zu aktivieren, sind wahrscheinlich hilfreich und sicherlich nicht schädlich, oder?*

P'taah: Schaden werden sie bestimmt nicht. Wisst ihr, meist geht es euch dabei ja darum, inneren Frieden und Harmonie zu verspüren und euch körperlich wohlzufühlen.

Was auch immer ihr diesbezüglich tut, es geht dabei um einen Einklang zwischen dem Physischen und dem Nicht-Physischen. Wenn ihr also etwas unternehmt, um den Fokus auf diverse Chakren zu lenken und euch anzusehen, was die Chakren in nicht-physischer Hinsicht bedeuten – und auch, was mit den Emotionen ist, mit dem Sehen, mit all diesen Kraftpunkten, die sich entlang des Körperzentrums befinden –, so geht es dabei letztlich darum, sich im Gleichgewicht zu fühlen. Dass also die mentalen, emotionalen und körperlichen Aspekte, die euch zu Menschen machen, gewissermaßen auf optimalem Niveau schwingen. Was auch immer ihr also dazu benutzt und welche Hilfsmittel ihr auch einsetzt, um Harmonie zu erleben, ist sehr gut.

F: *Ja. Aber der Punkt ist das Gleichgewicht. Ein Gleichgewicht zwischen Körperlichem und Nicht-Körperlichem.*

P'taah: Ja. Und umso mehr ihr in Harmonie und Balance seid, umso länger lebt ihr in Gesundheit und Vitalität.

F: *Wir haben hier noch eine Frage: »Alle, die ich kenne, waren bislang wirklich bei bester Gesundheit, und jetzt werden sie plötzlich krank. Und ich denke mir, dass es daran liegt, dass sie ja wahrscheinlich auch nicht jünger werden. Es ist jedoch schon erstaunlich zu sehen, wie in Verbindung mit dem Älterwerden ein Denken vorherrscht, dass man mit dem Alter nicht so gesund bleiben wird, wie man es früher war.«*

P'taah: Ja, so ist es. Und dieses Denken, dass ab einem gewissen Lebensalter auch der Körper altert, ist sehr stark vertreten in eurem Kollektiv. Genauso, wie der Gedanke, dass ihr dann die Früchte da-

von erntet, wie ihr mit eurem Körper umgegangen seid oder wie euer mentaler und emotionaler Zustand in der Vergangenheit war. **Was auch immer ihr tut oder fühlt, das mit Frieden und Harmonie zu tun hat, sowie auch das Lachen und das Spiel, ist für eure Gesundheit besonders wichtig. Je mehr Freude ihr erlebt, desto gesünder werdet ihr sein!**
F: *Oh ja! Ich denke, wofür ich wohl mit am meisten zu danken habe, ist mein Humor. Und ein herzhaftes Lachen ist wirklich eine so großartige Möglichkeit, mit anderen in Verbindung zu kommen.*
P'taah: Ja.
F: *Wir machen nun weiter mit der nächsten Frage:»Kannst du bitte die Aussage ›Ihr seid ein Gedanke im Geist der Schöpfung‹ näher erklären und auch, was es mit einem Gedanken im Geist eines jeden Einzelnen auf sich hat? Ist alles holografisch?«*
P'taah: Nun, ja. Natürlich ist es das. Und wenn wir von ›einem Gedanken im Geist der Schöpfung‹ sprechen und euch dann anschauen, – jeden von euch, und wie ihr aus euren Gedanken und Gefühlen eure alltägliche Realität erschafft –, dann könnte man sagen, dass das alles zusammen in dem erdacht wird, was wir den ›Geist der Schöpfung‹ nennen würden. Er ist das, was wir als die Göttliche Intelligenz oder Gott beziehungsweise Göttin bezeichnen würden – das ALLES-WAS-IST.

Jedes Universum und alles, was es enthält, ist also mit einem Gestalt gewordenen Gedanken oder Traum der Schöpfung gleichzusetzen. Dies geschieht auf gleiche Weise, wie ihr eure alltägliche Wirklichkeit aus euren eigenen Gedanken, Glaubenssätzen und Gefühlen erschafft, sowohl als Einzelner wie auch als Kollektiv. Auf gewisse Weise ist alles ein Mikrokosmos von diesem Erhabenen, Ehrfurcht gebietenden Wunder des Daseins.

F: *Wenn man also einen gewissen Geschmack davon bekommen wollte, müsste man an diejenigen denken, die bei uns als große Erfinder gelten – Leute wie Alexander Graham Bell etwa, in deren Geist große Erfindungen entstanden. Ist es in etwa so?*
P'taah: Ja. Aber es gibt keine Erfindungen. Es wird gedacht, und so ist es.
F: *Also ohne jegliche Anstrengung?*
P'taah: Ohne Anstrengung.
F: *Nicht erst mit zeitlicher Verzögerung und ohne sich überlegen zu müssen, wie man es angeht?*

P'taah: Nein.

F: Hervorragend.

P'taah: Aber, weißt du, schließlich wird ein Großteil eures alltäglichen Daseins ja geschaffen, ohne dass ihr überhaupt wahrnehmt, dass ihr das tut. Und das geschieht ohne jede Anstrengung. Ebenso wie eine Pflanze, die aus einem Samenkorn hervorgeht, wächst und in dieser verblüffend eleganten Integrität blüht, ohne dass sie letztlich darüber nachdenken muss. Sie existiert einfach nur und erfüllt ihre eigene Blaupause. Und wenn ihr zuseht, derartigem nicht im Weg zu stehen, tut ihr genau das.

F: Ja, wenn wir das doch nur verstehen könnten! Ich denke, wir sind Kontrollfreaks.

P'taah: Nun, auf eine gewisse Weise seid ihr das natürlich. Und das entspringt der Angst vor einem negativen Ausgang.

F: Oh. Natürlich, das stimmt. Unter denen, die ich kenne, sind diejenigen, die am meisten alles zu kontrollieren suchen, auch die, die am meisten Angst haben.

P'taah: Ja.

Entscheidet neu, wer ihr sein wollt

F: Also. Die nächste Frage geht in eine völlig andere Richtung. Naja, eigentlich ist der Unterschied auch nicht zu groß. Jedenfalls schreibt die Fragestellerin: »Ich habe den Eindruck, dass ich immer wieder dem Gedanken verfalle, ich sei nicht gut genug.«

Ich schätze einmal, das dürfte für alle gelten, die sich selbst sabotieren und dergleichen. Ich würde nämlich einmal davon ausgehen, dass wir das alle machen.

P'taah: Nun, es geht darum, nicht gut genug zu sein. Die Folge davon ist, dass ihr glaubt, vieles nicht zu verdienen, weil ihr eben nicht gut genug seid. Ihr meint, ihr seid es nicht wert und verdienet all die reichen Wunder nicht, oder um was auch immer es gehen mag. Ihr glaubt, dass das Leben hart und ungerecht sei oder ein Kampf etc. Und so wird es zu einer sich selbsterfüllenden Prophezeiung.

F: Ja.

P'taah: Auf einer gewissen Ebene genießt ihr es schon beinahe, wenn ihr sagen könnt: »Siehst du! Da ist es wieder.«

F: (Lacht) Ja!

P'taah: Ihr denkt Gedanken wie: »Alle Welt hat es auf mich abgesehen« oder »Was ich auch anpacke, zerfällt zu Staub« oder »Alles, was ich mache, schlägt fehl«. Andere denken vielleicht: »Ich kann mich abmühen, wie ich will – es ist nie genug Geld da« oder »Es ist nie genug Liebe da« oder »Es gibt nie genug von allem, wonach ich mich wirklich sehne.«

F: *Oh, ja. Und es ist schon ein Wunder, wenn man damit anfängt, dankbar zu sein und seinen Dank für die Wunder auszusprechen und dann, wie du ja sagst, gar nichts zu tun braucht. Das Blatt wendet sich einfach.*

P'taah: Ja.

F: *Ich habe das schon in meinem eigenen Leben beobachtet. Ich denke an die Zeit zurück, bevor ich von dir, P'taah, gehört hatte und wie unglücklich mein Leben war. Ich glaube, die erste richtige Session mit dir hatte ich 1996. Und heute schaue ich mir das Ganze an und sehe, wie mühelos sich alles so ergibt. Die große Quelle der Frustration ist heute für mich die, eine Tochter zu haben, die nicht im Geringsten, in welcher Gestalt oder Form auch immer, an all diese Dinge glaubt. Sie hält mich für verrückt und das Leben war für sie bisher ziemlich schwierig.*

P'taah: Ja.

F: *Und da ist es sehr, sehr schwer, sich entspannt zurückzulehnen und sie einfach gewähren zu lassen, in dem Wissen, dass es stets vollkommen ist. Ohne sich einmischen und helfen zu wollen. Das ist für mich ein ganz schöner Brocken gewesen.*

P'taah: Solange der Zeitpunkt nicht kommt, an dem ihr euch sagt: »Jetzt habe ich aber wirklich genug von diesem ständigen Kampf. Von jetzt an will ich es anders machen und anders sein«, wird sich auch nichts ändern. Das gilt für alle von euch.

F: *Eben. Ich habe sogar angefangen, mit ihrem Höheren Selbst zu sprechen, wovon wir ja beim letzten Mal gesprochen haben. Und ihr viel Liebe zu schicken. Ich werde berichten, was daraus wurde. Und, wie du ja schon zuvor gesagt hast: Jeder hat das Recht auf sein eigenes Leben und seinen eigenen Weg.*

P'taah: Und es ist immer enorm schwierig für euch Eltern, die ihr euch um die Kinder sorgt und dabei zusehen müsst, wie sie aus eurer Sicht falsche Entscheidungen treffen.

F: *Ja.*

P'taah: Das ist schon immer sehr schwierig. Aber auf der nichtphysischen Ebene zu arbeiten, ist die kraftvollste, behutsamste und liebevollste Weise, anderen ein umfassenderes Wissen anzubieten.

F: *Ja, danke dir. Ich habe das Gefühl, das ist das rechte Gleichgewicht und es fühlt sich so richtig an.*
P'taah: Ja.
F: *Bei meiner Tochter bin ich überzeugt davon, dass sie niemals Hunger leiden wird und auch immer ein Dach über dem Kopf haben wird. Ich denke auch nicht, dass sie jemals in ernster körperlicher Gefahr sein wird. Dennoch ist es einfach wirklich schwer, mitzubekommen, wie sehr sie emotional zu kämpfen hat.*
P'taah: Ja.
F: *Jedenfalls denke ich, wir wären alle sehr gut beraten, die Sucht loszuwerden, ständig Belege für unsere eigene Unzulänglichkeit zu suchen. (lacht) Na ja, nicht ›loszuwerden‹, sondern zu akzeptieren und in die Arme zu schließen und in den Dank für den vorhandenen Reichtum umzuwandeln. Mein Gott, was für eine andere Welt das wäre!*
P'taah: Wir können gar nicht genug betonen, wie wichtig das für euch alle ist! Denn welches Leben ihr auch führt und wie die Dinge auch für euch laufen mögen, alles hält seine Geschenke bereit. Da sind immer die kleinen Wunder. Es werden auch immer wieder wunderbare Dinge geschehen, wenn ihr in der Gegenwart seid, so dass ihr die Dinge mitbekommt und dann euren Dank zum Ausdruck bringen könnt.
Wenn ihr die Dinge nur an der Oberfläche streift und nicht achtsam seid und nicht in der Gegenwart lebt, ist es sehr schwierig, innerlich zu danken, da sich euer Blick ständig auf die Zukunft richtet, und zwar meist auf die Möglichkeit, dass sie negativ ausfällt.
F: *Mir gefällt das, was du über Multitasking gesagt hast. Weil ich mich damit immer gebrüstet habe als ich jünger war und mir jetzt klar geworden ist, wie das einem absolut schadet oder zumindest schaden kann.*
P'taah: Das kann es. Ja, es kann einem sehr schaden.
F: *Und es entgeht einem eine Menge.*
P'taah: Ja, so ist es. Und es bedeutet, dem, was ihr gerade tut, nicht eure volle Aufmerksamkeit zu widmen, was es auch sein mag. **Wenn ihr jedoch selbst den alltäglichsten Aufgaben eure volle Aufmerksamkeit schenkt, erschließt ihr euch dadurch die Möglichkeit, zu außergewöhnlichen Erkenntnissen über euch selbst zu gelangen und darüber, wie die Dinge in eurer Welt funktionieren.**
F: *Ja.*

Ihr seid ein ewiger Ausdruck der Quelle

F: *Die nächste Frage lautet: »Könntest du bitte noch besser erklären, was Getrenntsein bedeutet und warum es in Verbindung mit dem bevorstehenden Übergang so wichtig ist für unsere Transformation?*

P'taah: Also gut. Getrenntsein bedeutet, dass du dich nicht in der Balance fühlst, nicht verbunden, dass du das Gefühl hast, du würdest nicht dorthin gehören, wo du bist. **Jede Art von Unglücklichsein, was auch immer die Ursache sein mag – selbst ein gestörtes körperliches Gleichgewicht –, zeigt euch an, dass ihr von jenem umfassenderen Teil von euch abgeschnitten seid, der wirklich weiß, dass ihr vollkommen seid. Dass alles immer vollkommen ist. Das ihr ewig seid. Dass ihr in einer Welt unendlicher Fülle existiert. Und dass ihr eine Erweiterung des Geistes der Schöpfung seid.**

Alles, was sich für euch auf eine gewisse Weise anfühlt wie etwas, das das Gleichgewicht stört, bedeutet, dass ihr abgeschnitten seid von jenem umfassenderen Wissen darum, wer und wie ihr wirklich seid. Und das dürfte unsere einfachste Erklärung dazu sein.

F: *Ich denke, das ist hervorragend ausgedrückt. Es macht die Sache sehr klar. Und solange wir uns getrennt fühlen, leben wir nicht unser volles Potenzial.*

P'taah: Nun, wie auch?

F: *Ja.*

P'taah: Und schließlich bedeutet diese bevorstehende Bewusstseinserweiterung, in der ihr natürlich schon mitten drin seid, dass ihr mit zunehmender Erweiterung des Bewusstseins auch immer mehr wahrnehmen könnt. Ihr gelangt zu mehr Harmonie. Ihr kommt mehr zu dem Gefühl, wirklich dazuzugehören, euch in eurer eigenen Haut wohlzufühlen, an den Ort zu gehören, an dem ihr euch befindet. In jeder Situation, in die ihr geratet. Ihr kommt zu einem tieferen Verständnis, dass ihr selbst und alles um euch herum, immer vollkommen ist und dass alles, was geschieht, ein großes Geschenk an euch ist.

Und je mehr ihr eure Dankbarkeit fühlt und euren Dank ausspracht, umso mehr fühlt ihr euch harmonisch und weniger getrennt. Wisst ihr, Ganzheit hat etwas mit Gleichgewicht zu tun. Ganzheit bedeutet, zu lieben, wer ihr seid. Und ihr könnt jene, die ihr seid, nur dann lieben, wenn ihr überhaupt erkennt, mit wem ihr es zu tun habt. Wenn ihr Verantwortung dafür übernehmen könnt, wer ihr seid und das negative Urteil über euch fallen lassen könnt.

Und ihr tut das und habt das entsprechende Verständnis und Mitgefühl, wenn ihr alle Teile von euch ans Licht eures eigenen Seins bringt, so dass ihr alles in eurem Leben anschauen könnt. **Alles, was ihr je gemacht, je gesagt, je gedacht habt – wenn ihr all das ehrend und offen betrachten könnt und in dem Mitgefühl und Verständnis seid, dass alles, was ihr als negativ bewertet habt, aus jenem kleinen Teil von euch heraus erschaffen wurde, der nicht wußte, wer ihr wirklich seid. Aus jenem Teil, der nichts von Ganzheit wusste und nichts von der Wahrheit in Bezug auf euch, die da lautet, dass ihr ein vollkommener und ewiger Ausdruck der höchsten Quelle seid.**

F: *Wow. Weißt du, ich dachte gerade noch an eine Beziehung mit Anfang zwanzig zurück, die nicht erfolgreich war. Wahrlich gab es eine Menge Gründe, warum sie scheiterte, aber ein Hauptpunkt dürfte gewesen sein, dass ich noch sehr jung war und überall meinen Kopf durchsetzen und tun wollte, was immer ich wollte.*

Damals war ich meines Erachtens heftiger am Boden zerstört als je zuvor oder danach. Und rückblickend kommt mir heute diese junge Frau in den Sinn und ich denke mir: »Wenn das nicht passiert wäre, hätte ich nie das Leben gehabt, das ich hier führe.« Ich bin mir sicher, dass da ein Teil von mir war, der weitermachte und wusste, dass es ein immenses Geschenk war. Nur damals habe ich das einfach nicht gesehen.

P'taah: Sicherlich gibt es da dieses zweite Ich, das diese Beziehung fortgeführt hat.

F: *Ich weiß nicht, ob mir dieses zweite Ich leidtun soll oder nicht!*

P'taah: Nun, du wärest sehr überrascht, dieses Ich in deinem heutigen Alter zu sehen, nachdem es dieses Leben geführt hat.

F: *Da bin ich sicher.*

P'taah: Ja.

F: *Bestimmt wäre das so. Das ließe sich super verfilmen. Okay. Ich habe noch eine weitere Frage an dich.*

P'taah: In Ordnung!

Habt Spass und nehmt das Leben leichter

F: *Bringt Gott zwei Menschen zusammen, sodass man letztlich ein wirklich erfülltes Leben nur mit diesem einen Menschen führen kann?*
P'taah: Nein, nicht unbedingt. Und es ist nicht ›Gott‹, es sei denn ihr meint den Gott, der ihr selbst seid. Im Laufe eurer Inkarnationen könnt ihr in verschiedenen Leben immer wieder auf jemanden treffen, zu dem ihr wirklich eine Verbindung spürt. Wir würden sagen, ihr werdet über die Leben verteilt immer wieder verschiedene Rollen spielen, aber nicht unbedingt immer die von Liebenden, wisst ihr? Ihr verbringt vielleicht viele Leben damit, das Spiel des Liebespaars miteinander zu spielen, aber sehr oft wird es auch anders sein. Mitunter habt ihr in einem Leben auch nur am Rande miteinander zu tun.

Wisst ihr, ihr habt eine große Familie oder eine Gruppe von Menschen, mit der ihr sehr verbunden seid und immer wieder gerne das Spiel des Lebens spielt. Aber du selbst bist derjenige, der entscheidet, wie du das machst und wie du es spielst und welche Rollen du dabei innehaben wirst. Und ja, es gibt in der Tat einige unter euch, die sehr, sehr aneinander hängen und sehr darauf aus sind, dieses Spiel miteinander als Liebende zu spielen. **Aber vergesst nicht: Auf der Seelenebene verlangt es euch alle danach, jede nur erdenkliche Erfahrung zu machen.** Also kann diese Person, die ihr so sehr liebt, sehr oft auch diejenige sein, die für die größten Dramen oder Unstimmigkeiten sorgt, einfach weil ihr einander liebt oder, wie wir eher sagen würden, weil die Leidenschaft euch aneinander bindet.

F: *Ich denke, es ist viel sinnvoller, das so zu sehen, denn Liebe, wahre Liebe, ist normalerweise weniger mit Missbrauch, Gewalt und Beschimpfungen verknüpft.*
P'taah: Ja. Aber, wisst ihr, ein Missbrauch geht auf die Angst zurück oder darauf, selbst Missbrauch, Gewalt und Beschimpfungen erfahren zu haben; immer wieder und ohne dabei zu wissen, wie man Liebe ausdrücken kann. Oder es kommt daher, so geschädigt oder so gebrochen zu sein, dass der einzige Weg, Liebe auszudrücken, disharmonisch ausfällt.

F: *Ja. Gut. Das sind die Fragen, die mir für heute vorliegen. Gibt es sonst noch etwas, was du gerne sagen würdest?*
P'taah: Nur dass wir euch alle daran erinnern, dass euch das Leben ganz oft sehr schwer und sehr hart vorkommt und dass es mit viel Kampf verbunden scheint. **Und wir rufen euch in Erinnerung, ab**

und zu einen Schritt von euren Alltagssorgen und eurem Kummer zurückzutreten und euch zu vergegenwärtigen, dass dies ein Leben unter vielen ist. Und dass ihr es dort, wo es möglich ist, ebenso gut leicht nehmen und jede Menge Spaß dabei haben könnt. **Denn die Wahrheit lautet, dass ihr nur hierhergekommen seid, um diese Erfahrung zu machen.** Manchmal seid ihr so mit dem beschäftigt, was ›eigentlich‹ sein sollte, dass ihr vergesst, euch in der Freude an dem zu sonnen, was ist.
Nehmt es also leichter, ja?
F: *(Lacht) Das finde ich toll. Super.*
P'taah: Um erleuchtet zu werden, müsst ihr es leichter nehmen.
F: *(Lacht) Oh, ich wollte, die ganze Welt könnte das hören. Ja! Es leichter nehmen! P'taah, du bist herrlich. Danke dir!*
P'taah: Geliebter, dito. Und wir danken euch sehr für diese Gelegenheit. Und ihr wisst, meine Lieben, dass wir es alle auch sehr genießen, oder?
F: *(Lacht) Danke.*
P'taah: Es ist uns ein Vergnügen.
F: *Und ich arbeite daran und mache das so oft wie möglich. Danke.*
P'taah: Meine Lieben, ich liebe euch so sehr, und euch allen übersenden wir für jetzt ein Namaste und Lebewohl.
F: *Namaste und Lebewohl. Danke.*

Zwölfte Übermittlung

In euren Erkrankungen liegen einige eurer grössten Geschenke

P'taah: Meine Lieben, guten Tag.
F: *Guten Tag, P'taah.*
P'taah: Also, meine Liebe, was gibt es Herrliches an diesem Tag eurer Zeit?
F: *Nun, wir haben hier drei reizende Frauen, die jeweils Fragen an dich haben. Fangen wir also an.*
P'taah: Guten Tag, meine Lieben.
F (erste Frau): *Guten Tag, P'taah. Es ist jetzt schon eine Weile her, dass ich in deiner Energie war, und ich liebe es total. Ich habe ein paar Fragen, bei denen ich hoffe, dass du vielen von uns behilflich sein kannst.*

Die erste lautet: Ich habe mich gefragt, ob es einen Unterschied gibt zwischen uns in unserem Menschsein, unserer Seele, dem spirituellen Teil von uns, den Lichtwesen, die wir sind und unserem Emotionalkörper. Gibt es da einen Unterschied oder ist das alles dasselbe?

P'taah: Oh, Geliebte, wir würden einfach sagen, dass all das unterschiedliche Aspekte von euch sind, denn in Wahrheit gibt es keine Trennung. **Tatsache ist, dass aus der Seelenenergie heraus die Frequenz gesponnen wird, um euch in eurem menschlichen Wesen zu erschaffen. Dies geschieht in der Form, dass alles eurer eigenen Natur als Lichtwesen oder eurer Seelenenergie entspricht.**

Und der so genannte physische Körper ist vom nicht-physischen Teil von euch, eurer Seelenenergie umhüllt. Und dieses Seelenbewusstsein ist das, was euren Körper am Leben erhält und ihn weiter funktionieren und sich bewegen lässt.

Natürlich erschafft ihr vom Zeitpunkt eurer Geburt bis hin zu der Zeit, wo ihr euch gewissermaßen aus dem Körper zurückzieht, aus eurer Seelenenergie, eurem Persönlichkeits-Selbst und eurem Verstandeskörper heraus. Dabei werden die Glaubenssätze und Gedanken erschaffen, aus denen sich eure Erfahrung des menschlichen Daseins zusammensetzt. Es gibt keinen Anteil von euch, der wirklich zwischen dem Mental- und Emotionalkörper unterscheiden kann, da eben diese Mischung das ist, was euch ausmacht. Also sprechen wir vom Mental- und Emotionalkörper, wir sprechen von eurer Natur als Lichtwesen oder eurer Seelenenergie und eurer Körperlichkeit. Aber in Wahrheit sind sie in eurer Erfahrung alle zu einem wunderschönen Paket zusammengeschürt. Verstehst du?

F: *Ja.*

P'taah: Von daher geht es wirklich darum, hier nichts auseinander halten zu wollen, sondern ein Gleichgewicht zu finden, so dass alles ausgewogen darauf hinwirkt, Harmonie zu erschaffen, wenn ihr so wollt. Ein harmonisches Zusammenbringen von allem, was euch ausmacht.

Und das gilt auch für das, was ihr als eure Vergangenheit, eure Gegenwart und eure Zukunft betrachtet. Auf eine gewisse Weise ist das alles eins, aber ausgehend von eurer Vergangenheit erschafft ihr in der Gegenwart die Chancen oder Möglichkeiten für eure Zukunft, die sich danach richten, was ihr glaubt und wie es sich anfühlt. Und auch danach, worauf diese Lebenserfahrung hinauslaufen soll. Mit anderen Worten, euren Spielplan für dieses Leben.

Der Trick besteht hier also einfach darin, die Balance zu finden, eure Mitte, so dass es sich harmonisch anfühlt – und sobald es das tut, ist es faktisch auch harmonisch. Kannst du damit etwas anfangen?

F: *Ganz und gar. Es ist allerdings nicht immer leicht, das zu erreichen. Ich habe einige körperliche Abenteuer hinter mir durch die ich hindurchgegangen bin. Allerdings ist noch etwas davon übrig geblieben und das ist der Teil, bei dem ich mich schwer tue, in der Balance zu bleiben. Und ich beobachte, dass jetzt gerade auch viele andere Leute körperliche Schwierigkeiten haben.*

P'taah: Also gut. Lass dir folgendes von uns gesagt sein, meine Liebe, und das ist wichtig für euch alle: **Deine körperlichen Herausforderungen bedeuten nicht, dass du da etwas falsch gemacht hättest.** Weißt du, wir sagen, dass ihr alles selbst erschafft, und natürlich tut ihr das auch. Euer Körper ist gewissermaßen ein Spiegelbild, das zeigt, wie es um euch steht. Aber das soll nicht heißen, dass ihr etwas falsch macht, wenn ihr Krankheiten bekommt.

F: *Hmmm.*

P'taah: Es ist nichts falsch. Es gibt kein ›Gut‹ oder ›Schlecht‹.

F: *Richtig.*

P'taah: Es bedeutet einfach, die Tatsache anzuerkennen, dass auf einer ganz tiefen Ebene eine Dissonanz vorliegt, die körperlich etwas aus der Balance bringt. Dabei kann es um etwas Harmloses gehen oder gewissermaßen um etwas Unheilbares. Und gleichzeitig gibt es kein Stadium, in dem nichts mehr daran geändert werden könnte. Aber wenn du es nicht tust oder feststellst, dass es dir nicht gelingt, das zu transformieren, ist auch das in Ordnung. Denn, wisst ihr, in eurer Kultur, in eurer Gesellschaft, kämpft ihr sozusagen allen Widrigkeiten zum Trotz darum, am Leben zu bleiben. Die letztendliche Wahrheit am menschlichen Dasein ist jedoch die, dass ihr geboren werdet, lebt und dann an der einen oder anderen Sache sterbt.

F: *Richtig.*

P'taah: Und in den Erfahrungen, die ihr während des Lebens bis hin zu eurem Dahinscheiden macht, liegt das Geschenk des Menschseins. Jedoch gibt es eine Denkweise, vor allem bei dem, was landläufig ›New-Age‹ genannt wird, wo ihr die Verantwortung für das übernehmt, was ihr erschafft und dann meint: »Ich mache wohl etwas falsch, sonst hätte ich diese Krankheit nicht.«

Aber, wisst ihr, es ist nichts Falsches daran. Es ist einfach nur so. Und wenn ihr den Körper mehr und mehr dafür segnen könnt, dass er euch zeigt, wie es um euch steht und dass er euch die Chance bietet, tiefer und weiter zu blicken, als je zuvor, um mehr davon dazu zu entdecken, wer ihr seid, desto wundervoller ist es. Ob ihr eine Krankheit überlebt oder nicht, ist letzten Endes quasi völlig nebensächlich.

F: *Da stimme ich zu.*

P'taah: Das mag ziemlich schockierend klingen für euch.

F: *Nein, nein.*

P'taah: Alles konzentriert sich darauf, zu leben und gesund und munter zu sein, und das ist natürlich auch wundervoll. **Aber einige eurer größten Lernerfahrungen, eurer größten Geschenke, gehen auf Erkrankungen zurück.**

F: *Ja, ich habe dadurch viele fantastische Wunder erlebt.*

P'taah: Ja, eben. Je mehr ihr also in eurem Danksagen und eurer Dankbarkeit seid, desto mehr seid ihr im Jetzt eures Lebens, und desto erstaunlicher wird dieses Leben.

F: *Damit komme ich zu einer Unterfrage hierzu: Ich glaube, dass ich die Medikamente, die ich nehmen soll, nicht mehr brauche. Ich versuche dabei, auf meinen Körper zu hören, auf mein höheres Selbst und meine Seele – was es auch sein mag, das mir das immer wieder eingibt. Aber dann sind da die Ärzte und die Fachleute, die mir sagen: »Nein, Sie kommen nicht umhin. Sie müssen diese Therapie fortsetzen.« Und das erzeugt einen Konflikt in mir.*

P'taah: Geliebte, niemand kann dir deine Macht nehmen. Du kannst sie lediglich aus der Hand geben. Es ist also dir überlassen.
F: *Okay. Danke für diese Erinnerung.*
P'taah: Ja, Geliebte. Du bist diejenige, die hier das Zepter schwingt. Du bist die Göttin, musst du wissen.
F: *Ja. Danke, P'taah.*
P'taah: Gerne.

WIE WIR TRAURIGKEIT ERSCHAFFEN UND VERWANDELN

F: *Das ist jetzt zwar ein totaler Themenwechsel, aber ich habe mich gefragt, ob du uns allen in der folgenden Sache behilflich sein könntest. Und zwar sind schon sehr viele Menschen mit der Frage an mich herangetreten, ob es einen Spruch oder Merksatz gäbe, was wir im jetzigen Moment tun könnten, um uns bei der eigenen Transformation zu unterstützen?*

In der Gegend, in der ich lebe, scheinen viele Menschen morgens wach zu werden, von denen eine abgrundtiefe, tief verankerte Trauer ausgeht. Also habe ich mich gefragt, ob es etwas gibt, das wir alle tun könnten, um das abzumildern. Um die Traurigkeit zu lindern, die da hervorströmt.

P'taah: Ja, das gibt es. Es gibt zwei Dinge. Erstens kannst du im Danksagen und dem Gefühl der Dankbarkeit verweilen. Denn wenn ihr wirklich ›Danke‹ sagt, erkennt ihr damit das Wunder des Lebens an, das ihr seid. Und die Wunder, die euch umgeben, die Schönheit und Harmonie um euch herum. Es verändert die ganze Frequenz, die ihr seid.

F: *Hmmm.*

P'taah: Das ist also der erste Punkt. **Die Traurigkeit rührt von der Vorstellung, dass die Dinge nicht so sind, wie sie ›eigentlich‹ sein sollten. Verstehst du? Da ist das Gefühl des Verlusts, das Gefühl, ›unzulänglich‹ zu sein, quasi irgendwie das Gefühl, einen Fehlschlag zu erleben.**

Wenn ihr voll und ganz in euren Danksagungen und eurer Dankbarkeit seid, dann könnt ihr das verstehen. Dass alles in diesem Jetzt vollkommen ist.

F: *Ja, dem stimme ich zu.*

P'taah: Seht ihr, und in dem Moment, wo ihr die Worte sagt: »Alles in diesem Jetzt ist vollkommen«, habt ihr die Frequenz ver-

ändert. Ihr habt die ewige Seinsnatur an euch erkannt. Denn jedes Jetzt ist ewig. Ihr seid ewig, seht ihr?
F: *Ja.*
P'taah: Wenn ihr also euren Dank aussprecht und sagt: »Danke für die Liebe, die ich bin. Danke für die Liebe in meinem Leben und danke für die Liebe, die mich umgibt. Danke für das Wunder des Lebens, das ich bin und das Wunder des Lebens, das ich überall um mich herum gespiegelt sehe«, wenn ihr diese Dinge sagt, und ihr konzentriert euch dabei wirklich auf das, was ihr sagt und fühlt es, dann wisst ihr, dass alles in diesem Jetzt vollkommen ist.
F: *Ja. Wie wahr, wie wahr. Neulich erhielt ich eine E-Mail, die uns an den »Danke«-Song erinnerte. Ich hatte dieses Lied vom allerersten Mal an, seit dem ich es bekommen habe, Morgen für Morgen genutzt. Als ich krank wurde, hörte ich plötzlich damit auf, und alles in meinem ganzen Leben änderte sich. Vor ein paar Monaten kam dann ja die Rundmail, und das war für mich noch einmal eine Erinnerung an das Lied. Und jetzt, wo ich es wieder jeden Morgen praktiziere, wie du es uns sagst, ist alles anders geworden. Es ist erstaunlich. Ich danke dir so sehr für den Song. Er ist mir wirklich eine große Hilfe gewesen.*
P'taah: Er ist lebensbejahend und lebensverändernd.
F: *Ja.*
P'taah: Sehr gut.
F: *Könnte ich jetzt noch eine andere Frage stellen?*
P'taah: Gerne.
F: *Vor einigen Jahren haben wir, du und ich, über die Wale gesprochen und darüber, dass die Wale im Begriff stünden, unseren Planeten zu verlassen und dass sie Träger der Geschichte sind. Und ich war einfach neugierig, wie es weitergeht. Bleiben sie noch eine Weile und gibt es einen Weg, Zugang zu dem Wissen zu finden, das sie in sich tragen?*
P'taah: Ja. Weißt du, das Wissen, das sie in sich tragen, ist gewissermaßen nichts, was ihr konkret benötigt. Ihr könnt es quasi nicht aufnehmen, da auch ihr das Wissen der Universen in euch tragt und auf diese Weise Zugang dazu haben könnt. Wenn wir jedoch von dem Zugang sprechen, meinen wir damit gleichsam jenseits des Verstandes. Und die Wale sind hier, um eine bestimmte Energie zu halten. Und ja, sie werden noch eine Zeitlang bleiben.

Es ist nicht notwendig, dass ihr diese Energie in euch zu fassen sucht, und de facto könnt ihr es auch gar nicht. Aber ihr könnt einen Zugang zu bestimmten Abschnitten der Geschichte eures Planeten und der Geschichte eurer Völker finden und dazu, wie es sich anfühlt. Und ihr könnt sogar auf eine Art von Erinnerungen anderer Kreaturen zugreifen, die diese eure Wirklichkeitsebene bereits verlassen haben.

Und der einzige Weg dazu besteht ganz einfach darin, euch in einen veränderten Bewusstseinszustand zu versetzen. Wenn ihr euch einen Raum geschaffen habt, an den ihr euch begebt, um in die Stille zu gehen und Zugang zu eurer Seelenenergie zu finden oder um die innere Reise in Angriff zu nehmen, so könnt ihr diesen Raum auch dazu benutzen, um auf dieses Wissen zuzugreifen und auf eine bestimmte Frage, die ihr gerade habt, eine Antwort erhalten.

F: *Okay.*

P'taah: In Ordnung?

F: *Wäre das dasselbe, wie auf die Akasha-Chronik zuzugreifen? Oder ist es etwas ganz anderes?*

P'taah: Es ist nicht nötig, dass ihr auf die Akasha-Chronik zugreift. Es ist, abgesehen von eurer Neugier, wirklich nicht nötig.

F: *Ja, ich bin sehr neugierig auf sie.*

P'taah: Ja, und wenn du eine konkrete Frage hast, kannst du deinen inneren Raum aufsuchen und dort den Computer oder Aktenschrank nutzen, um dort etwas nachzusehen und eine bestimmte Antwort zu ermitteln.

F: *Okay. Danke.*

P'taah: Die Chronik in ihrer Gesamtheit zu fassen, ist bei eurem Bewusstseinszustand nicht möglich und auch gar nicht erforderlich.

F: *Wäre es uns denn nach unserem Hinübergehen zu dem Ort, an den wir nach diesem Leben kommen, möglich, diese Informationen zu bekommen?*

P'taah: Weißt du, Geliebte, deine Seelenessenz trägt alles an Wissen in sich, was es braucht.

F: *Okay.*

P'taah: Und auf eine gewisse Weise gehst du nirgendwo hin.

F: *Ich danke dir so sehr für die Informationen, die du mir heute übermittelt hast. Ich liebe es, mit dir zusammen zu sein und fühle mich sehr gesegnet damit, dass du hier bist, um uns allen behilflich zu sein. Namaste.*

P'taah: Meine Liebe, es ist uns ein Vergnügen, und wir danken dir dafür, dass du uns teilhaben lässt an der Energie, die du bist. Namaste.

Ihr seid wie ein Prisma mit unzähligen Facetten

F (zweite Frau): *Okay. Ich denke, ich bin als zweite an der Reihe.*
P'taah: Gerne, meine Liebe. Guten Tag.
F: *Ganz herzlichen Dank, P'taah. Einiges hiervon überschneidet sich mit dem, was hier gerade erörtert wurde, aber du kannst es noch weiter ausführen: Haben die Energien auf der Erde sich intensiviert oder haben wir uns einfach in unserem Herzen dafür geöffnet, während dieser Zeit der Transformation höhere Frequenzen zu empfangen?*
P'taah: Ja. Ihr seid dabei, euch zu öffnen. Alles existiert bereits. Es ist einfach nur so, dass ihr euch für immer mehr öffnet.
F: *Wir öffnen uns mehr und mehr, ja! Und das mache ich, indem ich in die Stille gehe, loslasse und geschehen lasse, richtig?*
P'taah: Ja.
F: *Gut. Wir alle leben jeweils unser eigenes Bewusstsein, was schon außerordentlich ist. Wenn wir uns das vor Augen führen und gleichzeitig von den Spiegeln lernen, die immer wieder vor uns auftauchen, dann gelangen wir zu der Erkenntnis, dass jeder von uns die Frequenz des Schöpfers oder der höchsten Quelle in sich trägt und dabei ist, seine Göttlichkeit zu verwirklichen. Doch zur selben Zeit leben wir einfach dieses Leben, richtig?*
Auch ich habe seit fünf Jahren eine chronische Erkrankung. Ich übe viel, und dennoch bin ich immer noch an dem gleichen Punkt.
P'taah: Ja, und weißt du, es geht darum, dafür zu sorgen, dass es für dich in Ordnung ist, immer noch an diesem Punkt zu stehen.
F: *Durchaus. Und ich habe keine Widerstände dagegen.*
P'taah: Nein, hast du nicht. Wenn du das Bewusstsein betrachtest, das du heute bist und das Bewusstsein, das du anfangs hattest, als deine Erkrankung entdeckt wurde, kannst du sehen, wie außerordentlich du dich verändert und transformiert hast.
F: *Das stimmt, ja. Sehr.*
P'taah: Diese Erkrankung ist also ein großes Geschenk für dich. Sie bringt etwas für dich zur Entfaltung.
F: *Ich weiß. Nun, von diesem Punkt aus könnte es doch für uns jetzt weitergehen. Ich glaube, dass ich das durch Willenskraft, Entschlossenheit und Loslassen den ganzen Tag über, hinbekomme.*
P'taah: Einfach nur Zulassen, meine Liebe. Einfach nur Zulassen.
F: *Einfach nur Zulassen. Was mich erstaunt, ist das Spiel, das wir da kreiert haben. Ich meine, wir sind so clever, dass wir all das erschaffen haben.*

P'taah: Oh, du bist zauberhaft!
F: *Ich weiß!*
P'taah: Es ist wirklich so wunderbar.
F: *Ja. Das ist reinste Magie.*
P'taah: Absolut.
F: *Okay, ich würde gerne schöpferisch zulassen, dass Aspekte von mir, die sich zeitlich in anderen Momenten befinden, durchsickern können.*
P'taah: Weißt du, Geliebte, das tust du ohnehin. Du brauchst dich gar nicht darum zu bemühen.
F: *Ja, richtig.*
P'taah: Weißt du, ihr seid wie ein Prisma.
F: *Ja.*
P'taah: Kannst du dir die Facetten eines Kristalls vorstellen, in denen sich bei jeder Drehung das Licht fängt und sich die ganze Schönheit und allerhand Staunenswertes offenbart? Jedes Prisma erzeugt ein neues Bild, eine neue Facette, ein neues erstaunliches Wunder. Genau das seid ihr.
F: *Ja. Jeden Moment auf diese Weise zu würdigen, ist wirklich aufregend. Nicht leicht, wenn man sich nicht gut fühlt. Aber dann noch tiefer zu gehen, das kann ich.*
P'taah: Ja, das kannst du.
F: *In tiefere Schichten einzutauchen, tiefer als die Krankheit. Ja, genau. So heißt es:* »*Denke nicht, wisse, werde nachgiebig und lass los!*« *(Lacht leise)*
P'taah: Genau.
F: *Okay. So, ich denke, das war es dann auch für mich, denn ich habe keine Fragen mehr.*
P'taah: Geliebte.
F: *Ja.*
P'taah: Sage einfach Danke für das Geschenk, das du bist.
F: *Ja! Ich beginne, den Schöpfer in mir wertzuschätzen.*
P'taah: Ja. Es ist schon erstaunlich, wenn du dein Leben so betrachtest, angefangen bei deinen ersten Erinnerungen.
F: *Oh ja.*
P'taah: Wie du dich zu etwas ganz Glorreichem entfaltet hast.
F: *Ja. Danke dir.*
P'taah: Siehst du das jetzt?
F: *Ja. Nun ja, das gilt für uns alle und diese Frequenz der Schöpferkraft in uns. Wenn wir diese erweitern, kennt diese Expansion dann keine Grenzen?*
P'taah: Nein, kennt sie nicht. Es gibt keine.

F: *Verstehe. Und wir laufen dann mit dieser Expansion herum.*
P'taah: Ja!
F: *Und so ziehen wir gleichzeitig auch Entsprechendes an.*
P'taah: Natürlich.

Und wenn du einen Schritt aus der Zeit heraustreten könntest, so wie wir es tun, um dir das Ganze anzusehen und um mit Staunen die euch umgarnende Kreativität auf einer universellen Ebene zu betrachten, würdest du sehen, wie beeindruckend es ist.
F: *Stimmt. Das ist es.*
P'taah: Und jeder von euch ist ein Mikrokosmos davon. Jeder von euch ist in seinem alltäglichen individuellen Leben dabei, alles mitzuerschaffen, noch bis hin zu Zeiten, die euer Vorstellungsvermögen übersteigen.
F: *Danke.*
P'taah: Gerne, meine Liebe.
F: *Ich weiß es so sehr zu schätzen. Ganz herzlichen Dank.*
P'taah: Es ist uns eine Freude, meine Liebe, und wir bedanken uns sehr bei dir.
F: *Ach ja, bist du eigentlich je Mensch gewesen?*
P'taah: Oh, meine Liebe, wir sind alles.
F: *Ja, okay. Vergiss es. Stimmt ja. (Lacht) Mach's gut. Noch einmal danke.*
P'taah: Gerne, meine Liebe.

Aus der Einsamkeit ins ›ALL-EINS-SEIN‹!

F (dritte Frau): *Guten Morgen, P'taah.*
P'taah: Guten Tag, meine Liebe.
F: *Ich habe auch eine Frage an dich. Ich trage schon mein Leben lang eine tiefe Einsamkeit in mir. Und ein Teil von mir ist dabei, sich von ihr zu lösen, aber sie zu transformieren bedeutet, die Gefühle zu fühlen, die mit ihr verbunden sind. Das habe ich auch getan und dennoch kann ich sie offenbar nicht hinter mir lassen, was ich aber zu gerne möchte.*
P'taah: Ja.
F: *Muss ich dazu noch irgendetwas tun?*
P'taah: Du hast es noch nicht wirklich getan, meine Liebe. Du setzt dich gerade erst in diesem Moment damit auseinander, nicht wahr? Und du weißt ja, dass Einsamkeit eine Epidemie unter der Menschheit ist, insbesondere aber in eurer Gesellschaft?

Und wir würden sagen: Je mehr ihr euer eigenes Einssein erkennt, je mehr ihr euch sozusagen für eure Verbundenheit mit allem öffnet, desto eher werdet ihr, statt einsam zu sein, ›alle eins‹ werden. ›Allein‹ wird zu ›ALL-EINS‹. Und eure Entwicklung in diese Richtung vollzieht sich, indem ihr eure Verbundenheit mit allem anerkennt. Wenn du es einfach schnell daher sagst, scheint das nicht so wesentlich. Aber das ist es, wenn ihr euch wirklich Gedanken über die Verbundenheit macht. Und auch das ist wieder ein Geschenk eurer Danksagungen und gefühlten Dankbarkeit, denn es öffnet euch für eure Verbundenheit mit allem, was existiert, mit jeder Kreatur, jedem Grashalm, jedem Baum und jedem Berg, mit den Ozeanen, eurem ganzen Planeten und dem, was jenseits davon ist. Ihr seid aufgrund eures Wesens ein Teil von all dem. Sonst könntet ihr nicht existieren.

Ein Punkt ist also die Würdigung dieser Tatsache und auch dieser Liebe in eurer Verbundenheit. Lernt anzuerkennen, dass ihr selbst ein ganzes Universum seid. Ihr habt ein Leben und eine Welt und erlebt in eurem eigenen Kopf außerordentliche Abenteuer. Und wenn ihr erkennt, dass eure einzigartige Welt allein eure ist, dass niemand sie verändern, niemand sie euch nehmen kann, dann lebt ihr euer eigenes an Wundern reiches, ungemein schöpferisches Leben. Verstehst du?

F: *Ich glaube, es ist mir jetzt klarer geworden.*

P'taah: Wenn du im Staunen über deine eigene Schöpfung bist und in der Fülle deiner Verbundenheit, dann siehst du, dass zwischen beidem gewissermaßen eine Art von Gegensatz besteht, denn du bist gänzlich verbunden und doch gänzlich ein Individuum. Und in beiden Aspekten liegt etwas Staunenswertes. In beiden Aspekten liegt Erfüllung. In beiden Aspekten liegt Liebe. Kannst du dir jetzt ein Bild davon machen?

F: *Viel besser als zuvor. Viel besser.*

P'taah: Und je mehr du das also lebst, desto mehr bist du es. Je mehr du dich auf das Staunen über dein eigenes ganz persönliches Abenteuer in deinem Kopf verlegst und das in Danksagungen und dem Gefühl der Dankbarkeit ausdrückst für deine Verbundenheit mit allem Lebendigen und allen Menschen und der Erkenntnis, dass du in der Tat ein Geschenk bist. Indem du sagst »Danke für das Privileg zu dienen und andere an dem Geschenk teilhaben zu lassen, das ich bin« entsteht eine außerordentliche Verbundenheit.

F: *Kannst du mir sagen, ob diese tief in mir sitzende Einsamkeit dann irgendwann verschwinden wird?*

P'taah: Ja, denn wenn du einsam bist, richtest du den Blick gewissermaßen auf das Negative, weißt du? Weil Einsamkeit deinem Urteil nach etwas Schlechtes ist, etwas Schmerzhaftes, und wenn dein Fokus auf ›Einsam‹ ruht, richtet er sich nicht auf ›Alles Eins‹. ›Einsam‹ hat also etwas mit Mangel zu tun, ›Einssein‹ dagegen mit Erfülltheit, der Fülle von allem und dem reichen Überfluss.

F: *Hmmm.*

P'taah: Also sei vorsichtig, worauf du deinen Fokus lenkst.

F: *Hervorragend. Das hilft mir sehr weiter.*

P'taah: Ja.

F: *Ich habe noch eine weitere Frage, die in eine etwas andere Richtung geht. In deinem Buch, wie auch in den Mitschriften, sprichst du von unserer Fähigkeit, auf unsere physische Materie verändernd einzuwirken, was unseren Körper anbelangt. Und du sagtest, das würde in dieser Zeit vor allem durch Klang und Farbe geschehen. Kannst du noch mehr zu diesen Klängen und Farben sagen?*

P'taah: Ja. Wisst ihr, ihr nutzt Klang und Farbe ohnehin bereits. Es wird nur so laufen, dass ihr das bewusster wahrnehmen werdet und dass es Anwender und Anwenderinnen geben wird – und ja bereits gibt –, die schon heute mit Klang und Farbe heilen. Wisst ihr, wenn ihr euch sehr unruhig fühlt, so verändert beruhigende Musik ja auch die Energie, nicht wahr? Und wenn ihr bestimmte Räume betretet oder gewisse Farben wahrnehmt beziehungsweise seht, so könnt ihr das Gefühl beobachten, das mit einigen davon verbunden ist. Es gibt Farben, die sehr beruhigend und andere die anregend auf das Nervensystem wirken.

Das braucht ihr euch also nur ganz simpel anzuschauen, und ihr bekommt eine Vorstellung davon, wie sich daraus etwas für Heilungsansätze ableiten ließe. Dir würden wir also sagen: Beobachte und nimm wahr, welche Klänge und Geräusche dich beruhigen. Es gibt gewisse Naturgeräusche, die sehr beruhigend und höchst wundersam sind, und dann gibt es andere, für die das nicht gilt.

Und betrachte die Farben und welche Gefühle die Farben jeweils bei dir auslösen. Es steht so einiges an Informationen dazu für dich zur Verfügung, wenn es dich interessiert. Ich bin sicher, du kannst Informationen dazu finden, wenn du schaust, was andere auf dem Gebiet unternehmen.

F: *Großartig. Ich werde mich damit befassen.*

P'taah: Ja! Es macht großen Spaß.

F: *Ich habe sogar in meinem Leben schon einmal eine Brille mit verschiedenen farbigen Einsätzen benutzt. In diversen Situationen hat das meinem Gehirn definitiv geholfen, sich zu entspannen und es brachte mich weiter.*
P'taah: Ja, in der Tat. So könntest du das häufiger und bewusster einsetzen, verstehst du?
F: *Gut. Das war alles an Fragen meinerseits.*
F (Gastgeberin): *Hervorragend. Prima. P'taah, hast du noch etwas mitzuteilen, bevor du uns verlässt?*
P'taah: Oh, nur, dass ich euch liebe!
F (dritte Frau): *Ich habe doch noch eine Frage.*
P'taah: Ja.
F: *Du sprichst von den Energien, die bald hier ankommen. Kann jeder von uns eine eigene persönliche Energie haben, mit der wir kommunizieren können?*
P'taah: Geliebte, du hast sie immerzu. Man nennt sie deine Seele.
F: *Ja, verstehe.*
P'taah: Weißt du, es gibt nichts außerhalb von dir. Auf eine gewisse Weise steht dir alles Wissen und überhaupt Alles zur Verfügung. Du bist nicht getrennt von deiner Seelenenergie oder deiner eigenen Natur als Lichtwesen. Wie könntest du es auch sein? Du würdest gar nicht leben, wenn du davon abgeschnitten wärest. Der Punkt ist einfach der Fokus. Und in dem Verlangen danach, verbunden zu sein, bist du es. Dann sei still und lausche.
F: *Hmmm.*
P'taah: Simpel, oder? Halte es simpel.
F: *Simpel schon, aber leicht ist es trotzdem nicht.*
P'taah: Nun ja, niemand hat behauptet, dass es leicht sei, oder?
F: *(Lacht) Hey, weißt du, unsere Herausforderung für dieses Leben besteht darin, immer weiterzumachen.*
P'taah: Ja, so ist es. Ich liebe euch alle zutiefst. Es ist immer eine grandiose Freude, mit euch zusammen zu sein, und wir danken euch für das Geschenk, das ihr seid. Namaste.
Alle: *Vielen Dank. Namaste.*

WEITERE BÜCHER

P'taah, Lehrer der geistigen Welt, spricht zu uns ...

Die Botschaften von P'taah

Band 1: Erkenne jetzt das göttliche Wesen, das du bist!
Band 2: Du bist wunderbar und wirst unendlich geliebt!

Der geistige Lehrer P'taah erläutert wie kaum ein anderer, wie wir aus den leidvollen Wiederholungen in unserem Leben aussteigen und zur Liebe zurückfinden, aus der wir alle kommen. Seine Antworten auf die Fragen seiner Zuhörer sind erfrischend, humorvoll und voller Weisheiten, die uns das Leben verstehen lassen und unser Herz für das Lieben öffnen.

Robert Betz Verlag · 2011 · je ca. 240 Seiten, geb. · € 16,80

Erhältlich unter robert-betz-shop.de

BUCH & HÖRBUCH

Der Wegweiser in ein wahrhaft erfülltes, glückliches Lieben und Leben

P'taah – Das Leben

Mit diesem Buch gibt uns der geistige Lehrer P'taah einen Wegweiser zu unserem Ursprung an die Hand, ein leicht verständliches, kompaktes Nachschlagewerk für alle, die sich wieder erinnern wollen, wer sie wirklich sind. Gechannelt von Jani King spricht P'taah zu allen Aspekten des Lebens und vermittelt dem Leser eingängig, klar und mit großer Liebe ein tiefgreifendes Verständnis davon, wie das Leben funktioniert. P'taah ruft dazu auf, unsere Schöpferkraft wieder in Besitz zu nehmen und uns durch die Rückbesinnung auf unseren Wesenskern, auf unsere Verbundenheit mit allem was ist, ein Leben voller Liebe, Leichtigkeit, Freude und Fülle zu erschaffen.

Robert Betz Verlag · Buch 2013 · 88 Seiten, geb. · € 14,90 | Hörbuch 2014 · 2CDs · € 19,80

Erhältlich unter robert-betz-shop.de

BUCH

Seite für Seite eine Inspiration für Herz und Seele

P'taah – Das Geschenk

Juwelen der Weisheit

Mit diesen Juwelen der Weisheit gehst du in Leichtigkeit durch diese Jahre des großen Wandels. »Diese Worte werden euch, einem jeden und einer jeden von euch, als Geschenk überbracht. Euch, die ich euch absolut liebe. Euch, die ihr mein Herz singen lasst. Euch, die ihr ein überaus wunderbarer Aspekt dessen, was Ich Bin, seid. Diese Worte sollen euch nur an das erinnern, was ihr im Grunde schon wisst.« P'TAAH

Robert Betz Verlag · 2011 · 157 Seiten, geb. · € 9,80

Erhältlich unter robert-betz-shop.de

P'taahs Perlen der Weisheit – als Kartenset

Die Botschaften von P'taah

Perlen der Weisheit – Kartenset

Dieses Kartenset enthält eine Auswahl von Kerngedanken aus den beiden Büchern „Botschaften von P'taah", Band 1 und 2. Die Schlüsselsätze auf den 72 Karten dieses Sets sind eine Fundgrube von Weisheiten, die uns im Alltag begleiten und uns auf den Weg der Heilung alter Wunden, die Liebe zu uns, zu allen Menschen, zu Mutter Erde und Vater-Mutter-Gott und damit zu innerem und äußerem Frieden zurückführen.

Robert Betz Verlag · 2011 · 72 Karten · € 24,90

Erhältlich unter robert-betz-shop.de

CD

Drei Abendveranstaltungen mit Jani King und Robert Betz

Ihr seid ein perfekter Ausdruck des Göttlichen

Ein geistiger Lehrer beantwortet unsere brennendsten Fragen

In seinem Vortrag und in seinen Antworten auf Fragen von Robert Betz und von Zuhörern präsentiert P'taah auf eine sehr liebevolle und gleichzeitig glasklare, leicht verständliche Art eine neue Sichtweise des menschlichen Lebens. Robert Betz: „Dies ist eine der besten und klarsten Vorträge über uns Menschen, die ich je gehört habe." Durch die exzellente Übersetzung durch Silvia Autenrieth wird das Hören dieser CDs zum reinen Genuss. Neben den vielen neuen Erkenntnissen erfährt der Hörer zugleich eine spürbare Anhebung seines Energieniveaus, verbunden mit einer tiefen Freude und Liebe.

Robert Betz Verlag · 2011 · 3 CDs · € 20,00

Erhältlich unter robert-betz-shop.de

DVD

Jani King und Robert Betz in München

Die Botschaften von P'taah

Ihr seid ein perfekter Ausdruck des Göttlichen

Auf dieser DVD erleben Sie, wie P'taah, ein großartiger Lehrer der Geistigen Welt, die Australierin Jani King als Medium nutzt, um zu uns zu sprechen. In seiner humor- und liebevollen Art erläutert er auf leicht verständliche Weise die wichtigsten Hintergründe für menschliches Glück oder Unglück, Lieben oder Leiden.

Robert Betz Verlag · 2011 · DVD · € 19,50

Erhältlich unter robert-betz-shop.de